馬祖列島宮廟神明啟示錄

陳澤眞／著

視透天時，遵循天律，承擔天命

自序

本書原來由「觀音佛道文化協會」在今年三月出版，軟皮精裝，並附有數百張的彩色照片。初版數量不多，主要是呈獻給全馬祖所有的宮廟，因為馬祖列島的眾神明，都有參與本書的飛鸞著作。結果在送書的過程中，諸天神明又賜與七十四篇聖訓，才想到與前九十篇合集，總共一百六十四篇聖訓，為普及方便，取消原有的彩色照片頁，並改以平裝本由「白象出版社」公開發行。

關於本書，民國一一一年二月二十日的《馬祖日報》的頭版有一篇報導：【本報訊】馬祖全境共有八十二間大小宮廟，「觀音佛道文化協會」花了三年時間行腳馬祖四鄉五島，終於在今年二月完成《馬祖列島宮廟神明啟示錄》並首次出版，成為馬祖地區首本最完整的宮廟調查記錄。這裡面也包含了多間家廟甚至是最離島的高登及亮島，因此這本啟示錄是目前為止，馬祖地區收錄各宮廟神明沙盤飛鸞，批訓闡理最完整的一本書。期望透過啟示錄中神明的批訓闡理，讓所有人都能找到人性最初的真善美，進而達到教化人心、淨化社會的目標。

除《馬祖日報》這篇報導之外，這本匯集馬祖全島眾仙佛的聖訓，個人覺得還有下列幾點意義：

（一）三曹普度：大道普渡之範圍極廣，上可以渡河漢星斗、氣天諸仙，中可以渡人間芸芸眾生，下可以渡地府幽冥鬼魂，此之謂「三曹普渡」。過去所謂的天曹的超拔氣天大仙，都只是聽說而已，如此在一地區大規模、全面性的實際去實踐，應該是前無古人，亙古未有也。這一切全憑天意，不是人為可以勉強，若非承受天命的三才，是絕對無法完成的。

（二）天人關係：人鬼仙都是一靈之所化，根據靈性的清淨程度、智慧高低、功德多寡、願力大小等而有不同。氣天神明雖享天人之福報，仍未脫三界六道之輪迴，一旦求得無極理天三寶，直奔理天界，接上過去生生世世不滅的本靈之後，智慧大開，遊走理氣象三天，逍遙自在。從這裡讓我們瞭解到，理天是我們真正的故鄉、靈鄉，天人是母子的關係，歸根認母才是修行的終極目標。

（三）大道難懂：此道可非一般道，非根基深厚者，難窺堂奧，要走這條路不簡單，要找到這條路更是困難。「天時道運」、「祖脈傳承」、「天命金線」、「天人共辦」等觀念的認識與了解都不是三兩天的事。一般人認為有參班、有持齋、有辦道、有立願、有度人等，就是先天大道的道場，其實這是極大的誤解。道盤之事，千難萬難，絕非易懂易辨，能有幾人相應？幾人了知？

（四）理性思量：先天大道所辦是天事，所救是人心。人心為什麼需要挽救？因為累世帶來的執著心，讓人無法正確判斷，讓人認知貧乏錯誤。心如果不清不明，人生將失去方向，道場也會走入困境。何謂理性？它通常指在審慎思考各項證據後，以推理方式，推導出合理的結論。六萬年來的這場白陽大戲，人人有份，面對道場「天命轉移」、「祖脈傳燈」等諸多問題，我們是應該理性思量、冷靜判斷，不是嗎？

天上聖母序

吾乃天上聖母林默娘是也，首先感謝天團人員辛苦了！

馬上英姿譬關爺
眾仙眾佛齊共享
廟裡喜事那一椿
佛心滿滿望你明
訓文要你明天意
人人心中佛心顯
明天都是好日子
理由放下不再執
天堂才能回得去
愛心是你佛心用
子孫代代皆相傳

祖上有德有今日
宮前宮後忙又忙
神佛喜悅終如願
聖賢是你也是我
救己救心是第一
心中無苦脫生死
道路崎嶇轉眼平
上天助你才有力
疼愛佛子是母性
佛走大道才你道
道脈延續責任扛

脈絡老師講你聽　相信上天慈悲心
傳你心意是大愛　永不放棄我責任
不是只管後天事　斷斷續續終明白

吾不多言，吾退！

法會現場即時有仙佛聖借竅三才聖乩臨壇沙盤批示聖訓

吾乃老中娘，大家辛苦了！只是想跟大家鼓勵鼓勵幾句。

馬祖島嶼好風光　仙氣人氣似天堂
佛子念鄉心有佛　人人信神守規距
宮廟林立是神鄉　上天安排今日明
佛子信神應懂道　才是歸鄉明路引
心中有苦心藥醫　明心見性是良方
神佛苦心候多時　開啟心門明道理
吃苦不再心不苦　心中有愛感中情

盼望佛子早日明　莫再浪流塵世裡

吾不多言，吾退。

中華民國壹百壹拾年玖月拾捌日

縣長序

馬祖列島好像是一串撒落在台灣海峽上的珍珠，璀璨耀眼，為閩東之珠，海上仙島。馬祖列島位於臺灣海峽正北方，面臨閩江口、連江口和羅源灣，主要由南竿島、北竿島、東莒島、西莒島、東引島、大坵島、高登島、亮島等，及其它共計三十六個島嶼、礁嶼組成，面積有二十九點六平方公里，居民人口一萬三千多人。馬祖列島自然景觀十分優美，有海蝕地形、天然沙灘、島礁峭壁等。每年春夏交替之時，海面被染成一片淡藍色螢光，此特殊景觀「藍眼淚」已被美國CNN列為「世界十五大自然奇景」，每年都吸引眾多遊客慕名前來觀賞。其它，霧季來臨時，雲霧裊繞各山嶺，觸目所及皆縹緲，恍惚置身於太虛之境，更是馬祖的賣點。

除了自然景觀，馬祖列島在特殊時代因緣與時空環境交錯下，形成了豐富又多元的文化寶庫。其實，馬祖列島本身就是一座博物館，包括有聚落、廟宇、市場、碉堡、坑道、軍營等，蘊涵了許許多多的感人故事。其中，馬祖列島宮廟文化更是值得進一步探索與挖掘。馬祖宮廟密度之高為世界之最，故有「馬祖神明比人多」之說。早年，馬祖人從閩東長樂、連江一帶而來，將鄉土神祉如白馬尊王等諸神請入各聚落祭拜，作為移民地的信仰。

經過數百年的演變，已發展出有別於原鄉的宗教信仰活動型態，成為馬祖的宗教文化特色。作為社會安定的力量，撫慰民心的依靠，什麼才是信仰的本質？正確的信仰可得豐盛的生命與精彩的人生。透過九十篇馬祖宮廟神明的聖訓，我們看到了上天的悲憫與神明的智慧，明白了天人之間的關係究竟是什麼，同時也找到了今生如何行善積德的正確方向。

謹述數語，聊作《馬祖列島宮廟神明啟示錄》一書之序。

連江縣長 劉增應 謹誌

中華民國壹百壹拾年拾貳月

副縣長序

馬祖的宮廟宗教文化，從宮廟建築、祭典科儀、繞境進香、元宵擺暝，及兩岸媽祖文化互相交流等，都有它的特色與貢獻。其中，馬祖的廟宇外觀上很特別，在臺灣不容易看到，形成了一種宮廟建築之美。廟的側邊牆面形狀像火的形狀，稱為「封火山牆」，功能作用在於分割空間，圍合庭院，防範火患及祈福鎮邪等，「封火山牆」已成為馬祖四鄉五島廟宇的統一建築形式廟宇造型。根據專家研究，會採用五行中火的原因，主要是彰顯神明威嚴的神格，以火的光明來對抗暗黑，以火的潔淨來超越染污，以火的禮儀來教化魯莽。

馬祖人之所以信奉神明，不僅僅是基於民族文化，也是一種歷史情感，在篳路藍縷，以啟山林的艱辛過程中，眾神明陪著先民，一路走來，悉皆見證。神明是精神的依託，也是心靈的教化者，給予馬祖人平安與療癒，帶來了希望與光明。神明是守護者，更是教化者，因為神明本身就是忠孝節義的化身。信徒們以神為師，以神為尊，學習神明的光明德性與濟世的偉大情操。神明護佑人們，人們祭祀神明，神人之間即人與上天，人與大自然的感應與和諧關係，是物我合一，天人無隔的境界，使生命趨於至善，精神得以提升。

神之所以為神，因為祂有高超的德行，德配天地，道貫古今。「神明」一詞代表祂能明白天理，視透天時，遵循天律，承擔天命。因此在神明聖訓中，我們看到諸天神明仍要不斷的精進學習，仍要依循大道，求得至寶，再造道功，再續道程。看到神明的如此勤修不已，我們是不是也該努力不懈了！

祝賀《馬祖列島宮廟神明啟示錄》一書的出版，謹此為序。

連江副縣長 王忠銘 謹誌

中華民國壹百壹拾年拾貳月

立委序

馬祖列島以「媽祖」而得名。根據清初《使琉球記》中的記載，宋朝福建湄洲的孝女林默娘，即世人尊稱的媽祖，廿八歲時飛身入海拯救父兄，因而罹難。媽祖遺體漂流至閩江口附近的馬祖南竿，被漁民打撈上岸，並埋葬在現今南竿天后宮的靈穴石棺中，且興廟供奉祭祀至今。馬祖列島因而被稱為「媽祖島」，後改為「馬祖」，媽祖也成為馬祖居民最重要的信仰。

馬祖廟宇除了祭拜媽祖之外，儒釋道教的聖佛仙等諸天神明也都融為一爐，成為了多神信仰，展現了宗教文化上的包容性。宗教信仰文化也在團結馬祖人中佔有極重要地位，因宗教信仰的凝聚，使得旅外的馬祖人，不論離鄉背井有多遠，不管飄泊在外已多年，魂牽夢繫，萬分思念的永遠是故鄉馬祖。因此，馬祖最熱鬧的不是過年，而是元宵節前後的「元宵擺暝」，旅居海外鄉親回鄉過節團聚，返回祖廟熱鬧慶祝，發展成馬祖特殊的宗教人文盛典。

如果故鄉是我們不能忘懷的地方，何處又是靈性應該回歸的靈鄉呢？諸天神明曾經都在世為人，他們循著一條成神的途徑，在世行功立德，造福人群，歿後靈性不滅，回歸無極理天。「天界」即「神界」，也是「靈界」，此界不僅僅是神明的靈鄉，也是你我的靈鄉。因為我們和諸天神明同此靈，同此天，也同此道。只要我們能循著諸天神明當年，他們走過的成神道路，眾生也能是媽祖，也能是白馬尊王，也能是玄天上帝。

喜逢《馬祖列島宮廟神明啟示錄》編輯完成，為馬祖四鄉五島廟宇的宗教文化，留下值得紀念的一頁，茲值付梓之際，欣為是序。

立法委員　謹誌

中華民國壹百壹拾年拾貳月

議長序

馬祖社會是一個典型的移民社會，移民活動伴隨著宗教文化的傳播，馬祖居民大多來自福建閩東一帶，民間信仰源流也多自長樂、連江與福州等地引進。福建自古以來宗教文化的信仰，起源於秦漢以前的閩越人自然崇拜，和祖先崇拜等原始宗教形式，經長期演變，至明清以後民間信仰文化到達鼎盛。地方特色的神祇崇拜，構成馬祖民間宗教信仰文化的主要內涵和區域特色。

馬祖民間神祇如：天后媽祖、臨水夫人、關聖帝君、玄天上帝、白馬尊王、趙元帥、陳將軍等，幾乎都可以在福建本土找到其信仰根源，有的還與祖廟保持著極為密切的聯繫。民間宗教信仰承傳性極強，代代相傳，少有變化。因此，以福州為核心的閩江流域和閩東方言區的宗教信仰習俗，至今在馬祖列島完整地保留和盛行。

宗教信仰是人類社會文明的開端，是人們對天地、祖先、神靈的祭禮，是經濟和文化生活中的重要組成部分。宗教既是一種特定形態的思想信仰，同時又是人類一種普遍的文化現象，包容著豐富的文化內涵。何謂信仰？看不見卻相信，就是信仰，相信有鬼神，相信有因果報應，相信有天堂地獄，相信有輪迴轉世等，都是一種信仰。信仰不是迷信，反而是智慧的開端，人類為了信仰，信徒們將崇拜的內涵表現在其廟宇建築物上，在廟會的活動中。宗教觀光方興未艾，志在考察、體驗宗教及其文化內涵或觀賞宮廟建築的旅遊活動，更能吸引觀光客前往。很高興看到《馬祖列島宮廟神明啟示錄》的出版，希望能吸引更多的觀光客前來馬祖列島「朝聖」，來眼看馬祖的宮廟建築之美與藝術表現，來領略馬祖眾神明的神威顯赫與澤被蒼生。

謹此數語為之序。

連江縣議長 張永江 謹誌

中華民國壹百壹拾年拾貳月

編者序

任何一件事的完成，表面上好像只要人夠努力就可成功，其實背後都是上天的巧安排，尤其編輯宮廟神明飛鸞沙盤，批訓闡理，須要天人合一，神人共辦的一本書《馬祖列島宮廟神明啟示錄》，根本超出我們的能力範圍之外，完全沒想到可以走到今天，可以書成付梓，完成任務。

本書的緣起是民國一百零八年的春天，在昆山的台商張董告之，馬祖島上有很多廟宇與神明，要不要前去看看，是否有善緣。從此，開啟了走遍馬祖四鄉五島的宮廟之旅。書成之際，要感謝的人實在太多太多，首先是北竿芹壁的林志英先生、北竿塘歧陳瑞香女士，由於他們的宏願與堅持，是此行最主要的動力支撐。另外，東莒的林宏輝董事長派了專人專車，協助我們在莒光的工作能順利的完成。其它參與者包括陳碧香、王敦荀、陳秀梅、郭庚輝、張雲信、陳瑞恒、黃之洲、高遠麗、樂珍珍、甘世峰、張滄棋、陳品全等人，讓此行德不孤必有鄰，有志同道合的一群人，參與傳統宗教文化的傳承，乃人生一大樂事。

宋明理學家周敦頤認為人人皆可為善，皆可為聖人，人人也皆可為神明。神者何也？神就是道家講「精氣神」中的「神」，及現代人說「身心靈」中的「靈」，神或靈都不是在講外面的東西，都是在講你我內在本有的靈性而言。只是幾經輪迴，流浪生死，這條靈魂不「靈」不「神」，當然，也就不「明」了。人生是苦海，就是苦在理不明，心不清啊！不明白生命的價值意義，不明白在世珍惜眼前，不明白死後何去何從。當務之急，就是透過學習，來重新認識你的人生，來累積回天的資糧，總有一天，終能一切明白，回歸本來。

諸天神明不辭辛勞，或沙盤批訓，或借竅闡理，所謂何來？為救度人心也。因為自己的心在想什麼，你會跟著走，心如果不清不明，人生會失去方向。救了一個人的心，就是救了他的全部，不只是救了今生，而是生生世世。如何救人心？讓人心明道理啊！首先，讓他知道，身體裡面住的是誰，是清淨的靈性！此靈來自理天，與佛同體，與佛同用，將來還是要回去，但須經由修行才能回天，修行則先要改變想法，開悟一瞬間，煩惱隨風去。

謹此為序。

國立臺東專校食品科技科助理教授 陳澤真 謹誌

中華民國壹百壹拾年拾貳月

目錄

南竿鄉

馬祖境

【天后宮】

天上聖母曰：

馬上奔騰傳天意　祖上有德今有緣
天上下凡等今日　后天后土是你鄉
宮廷名祿非你屬　責任肩扛方為責
了你與天何關係　早日完成你大任
人生苦短莫遠求　大佛自在心中坐
明你心性找根本　就在自身是天堂

中華民國壹百零八年七月十一日

傻傻不明閉眼行　開你心眼覓心佛
說你佛子下凡塵　了你因果了大願
渡人苦海悠自在　回到天堂轉眼間
明白真理心了然　一切自然是天堂
任何困難自然過　珍惜光陰做大事
大事莫比救人心　人心得救非自在
懂得握機明天意　攜手共辦與天行
最後感謝大家，讓吾有機會共渡本地仙佛一了吾願，吾先退。
法會現場即時有仙佛聖借竅三才聖乩臨壇批示聖訓

遼靖海天后宮天上聖母曰：

大家好，吾乃內遼靖海天后宮天上聖母！我等這天等很久。剛才沙盤批訓所說的道理，是說給在座的人聽的。來到這個世界，走的路，看的人，應該也差不多了。要趕緊去瞭解我到底來到這個人間是要做什麼？我是要來做人的太太？我是來做一位媽媽？還是爸爸？不管你的角色扮演什麼？很多人回去想到的，還要回來投胎。那就是不了解你與天的關係！人間大家都說是苦海，為什麼大家偏偏要往苦海跳。那就是你不了解你與天的關係。每人都有佛心，卻去外面一直找一直求。你以為你找的藥能解決痛苦，其實要解決的，是這人世間的問題。你要去瞭解你與天的關係，你才不會傻傻為這個苦海而苦。這個苦海會變成一個自由自在的天堂！你會了解你的責任是什麼？你要趕緊把握你的時間去做對的事。等你回去之後，你會很自在很快樂。希望今天我送給大家這個大禮，讓你像觀音，像媽祖，或像關老爺，還是玄天大帝，你得到這個寶後，你會越來越明白，心中有佛就是福。

人人本來有大福　不知道理當做理
你是誰人要先知　不要隨人叩叩求
外面仙佛就在大　心裡大佛救自己
你有在做天在看　你有感應天當現

我要感謝陳瑞香！帶這裡朋友作伙來跟大家見面，也讓我有這個機會可以渡這裡的兄弟姊妹。我說到這，我先退。

【天后宮】

中華民國壹百壹拾壹年二月十二日

天上聖母曰：

大家好，吾乃天后宮天上聖母是也。

馬蹄聲聲催我心　祖脈傳燈責任扛
天將天兵齊護佑　后心救你講道聽
宮人腳步如何行　天上聖母細思量
上天旨意如何傳　聖心佛心點玄開
中意才能通你心　把心靜下做佛子
道心用智才有力　傳道點道悟你心

大家好啊！主委好啊！咱天團兄弟姐妹好啊！我是天后宮天上聖母。歡迎大家，我看到咱們訓文已經可以印出來，真正真感動。

南天關爺媽祖心　竿頭竿尾打江山
媽祖天堂人人愛　祖上有德有福氣

天上聖母用智慧　聖賢道路我對走
中愛我知如何報　與天共辦是唯一
天心佛心人心強　道務怎走來商量
傳乎人聽救佛心

我講到此，再次感謝大家啊！希望你們去北竿順順利利，再會啦！

【白馬文武大王廟】

中華民國壹百零九年六月十一日

白馬文王曰：

大家好啊！方才白馬尊王前來告知，要我們共辦大事。誠惶誠恐，可否先求天道？感謝，感謝大家！

天上佛光照我心　地上佛子迎我命
原來命運巧安排　共辦天事有我份
何來福氣細思量　上天費心巧安排
爾等以為是巧合　其實天命早已定
你有佛緣等時機　因為大道才你道
何處是你本來處　找到歸路大路行
白馬文王惜福分　救人救心才是真

我言至此，讓我們武王與大家結緣。

白馬武王曰：

非常感謝！一時不知如何表達滿滿的心情啊！

白馬文武佑子民　原來本是大佛心
流浪此地有原因　護鄉佑民是責任
接續天道是天命　人心苦在不明理
大道之理已忘記　眼看世人顛倒行
趕緊快快救人醒　不畏天時災劫降
做好自己牽人行　乞丐皇帝皆申兒
頓悟不分有高低　只有何時明道理

我謹代表本殿眾神佛感謝大家，讓我們辛苦的三才可以好好坐下來，下回見。

【白馬文武大王廟】

中華民國壹百壹拾壹年二月十二日

白馬文武大王曰：

你好！你好！你好！你好！大家好！跟大家拜個晚年，新年快樂，萬事如意。我是本殿白馬文武大王，好珍貴的書啊！真是有福氣，才能夠名流青冊啊！

南方人家有佛心　竿心民心皆佛情
白馬文武大王臨　馬上努力聽天音
文文武武我皆行　武功蓋世有神力
大島小島皆佛島　王心眾心一條心
與天共辦我責任　天心我心通天際
共同商議天道行　辦了天事回鄉去

我言至此，非常感謝大家，期待看到第二本聖訓啊！

【夫人澳白馬大王廟】

中華民國壹百零九年六月十二日

白馬大王曰：

大家好！感謝大家，我謹代表白馬大王小小的一間廟，感謝大家引領我們求得天道。我已求道，但想為堂上福德正神、臨水夫人，還有其他的兄弟姐妹求得三寶，感謝，感謝，感謝！這是天時應運。

白黑顏色如陰陽　馬上馬下奔走告
大大小小齊相助　王中有道道不孤
人們修行各不同　天人共辦是至高
團結一心力無窮　為我人間佛子兒

非常感謝大家，我不多言，先退。

【夫人澳白馬大王廟】

中華民國壹百壹拾壹年二月十一日

白馬大王曰：

大家好，大家好！辛苦了，天將黑了，非常感謝，還沒有忘記我們，我是本殿白馬大王。

南竿美景似天堂　竿影日照催我行
白天黑夜忙忙過　馬上忽聽天堂音
大海浪濤敲我心　王位再高後天情
有道明道我感悟　道心明性我福氣
心中大願我今了　傳人知曉莫浪流
道理艱深隨人悟　去去來來隨人渡

再次感謝大家，我言至此，希望再相會。

【夫人村孫三將軍廟】

中華民國壹百零九年六月十二日

孫三將軍曰：

大家好！我知道今天要做什麼。我要先求天道，感謝，感謝！我要代其他兄弟求天道，可否？感謝，感謝！

眼前天堂是人間　原鄉天堂在心田
我心清楚大道路　責任是我前世願
不巧不巧無法成　幸得上天憐我心
孫山將軍山裡求　找到本心顯佛性
上拜老𠁩下拜天　東西南北任我行
只盼有力明你心　救你佛心及了願

我很清楚明白我要做的事情，但是這條路很漫長。要不是諸位大德這麼有心，不知何時才能乘願。感謝再感謝！沒有人間天團，上天很難辦呀！我先退。

【夫人村孫三將軍廟】

中華民國壹百壹拾壹年二月十一日

孫三將軍曰：

大家好，大家好！我是孫三將軍。大家辛苦了，辛苦了！小小的廟能夠與天團共辦天事，真是無上的福報啊！

南無觀音渡我心　竿點我明承天命
孫氏子孫有福氣　三世功名救人心
將軍今日知天命　軍心瞬轉變佛心
學習天道為何物　道理才能說人聽
理性思量路怎走　救人有力道理深
人間佛子雖難渡　心中煩憂須明性

我言到此，非常感謝大家，希望一路平安，快快樂樂，感謝啊！

介壽境

【山隴境馬祖北極玄天宮】

中華民國壹百零八年七月十一日

玄天大帝曰：

感謝大家！感謝感謝！吾不知道什麼原因，關聖帝君說：要送我大寶喔！祂問：我要不要做大事情？我很惶恐啊！但是我知道這樣的機會很難得，祂說：我要先求三寶，及代表我們玄天宮眾神求道。感恩再感恩，感謝

上天中娘！我會好好學習，我會好好辦道。今日本宮廟真是金碧輝煌啊！來了好多，好多，好多好高的神啊！我一定會好好的做。

南竿仙境人人跨　竿裡遇災躲不過
山崩土流是天意　隴土遷移是天象
境中有難心要定　北極星燈見中情
極光美麗莫流連　玄關一點才是真
天意引你今日明　宮裡大佛終見天
玄天上帝明道理　天是父母我是兒
上天下海齊助道　帝皇子民一家親
感謝上天疼鄉民　天災不來心才靜
恩情我報盡我力

我言至此，感謝大家，先退。

【山隴境馬祖北極玄天宮】

中華民國壹百壹拾壹年二月八日

玄天大帝曰：

大家好啊！恭喜新年快樂！

山上登高求大道　隴前隴後無處找
境土遠在山根處　玄關之門明師點
天眼就此見真我　上天老中我報恩
帝君之位轉眼過　傳道明心人心救
天音裊裊傳我心　音暖我心更有力
救人救心才是真　人間佛子明道理
心中大佛眼前現　功德我建才是真
德性智慧我來用　建功立德我有份

大家辛苦了！我言至此，要明白道理不是這麼簡單，期待再相會啊！

【山隴境邱元帥廟】

中華民國壹百零九年六月十二日

陳春蘭仙姑曰：

大家好！眾神佛，還有諸位大德有失遠迎啊！我不知是何因緣這麼大陣仗，這麼多神佛來此。**觀音佛母**告訴我，要我做大事。心裡好像知道，但不解。佛母說：要本殿眾仙佛求道，自會明瞭。

陳年往事憶當時　**春**暖花開可人兒
蘭心純純人間遊　**順**天應命到今日
天時道運我不明　**應**時應地好福氣
命中有責我擔起　**誓**言誠心謙卑做
言行舉止如本心　**接**續責任向道行
天下眾生我姐妹　**命**運不同歸同源

我好像有點懂了，我們**邱元帥**想和大家結結緣，我先退了。法會中即時又有仙佛聖借竅三才聖乩臨壇現身

邱元帥曰：

歷吏性的一刻呀！感恩，太高興，太感動了！

因緣際會來此地　道理深淺我不明
肝膽俠義我本心　陰陽兩隔順人意
以為眼前是未來　熟知機緣乍然現
原來事出必有因　一切皆為早註定
堂堂男子候多時　乾道坤道皆如此
就等今日知天意　虛心學習身體行

我言至此，為了感謝大家，我誓言會好好的做。也請一路上眾神佛一起相助啊！感恩，我先退。

【山隴境邱元帥廟】

中華民國壹百壹拾壹年二月八日

邱元帥曰：

大家好！今日非常歡迎大家，我們非常的榮幸。不止得三寶，知天命，還能夠有一本這麼好的聖訓，真的感恩萬分！

山上祥雲顯異象　隴境處處是祥氣
境中神佛議紛紛　邱家陳家攜手行
元氣滿滿智慧顯　帥兄帥弟我家人
春暖花開共赴會　蘭心也是大佛心
大愛傳給講人聽　姐姐妹妹聚一起
廟前廟後閃金光　眾仙眾佛齊光臨
仙人佛子聽道理　佛心才能明心性
知恩圖報我努力　天上老中我今明
命裡有數我盡力　傳遞大道說分明

天道難懂不多說　道路自開你先行

我先退，讓我們春蘭大姐結緣說幾句。

陳春蘭仙姑曰：

大家好！跟大家拜個晚年！希望大家身體健康，福氣滿滿。

春夏秋冬年年過　蘭心不明難渡人

大佛原來堂中隱　姐妹來訪才明心

感謝上天降甘霖　天上老母思念情

恩情怎報細思量　助人利己是真意

人間佛子煩惱多　明心見性智慧現

心中大佛最有力　性情中人觀音心

非常謝謝大家！我們真的有福氣啊！我言至此，期待再相會。

【青壇境太上老君道祖廟】

中華民國壹百零九年六月十二日

太上老君曰：

歡迎大家！等你們很久了。一路走來，各位心裡有沒有飽飽的呀？（班員答：有。）諸位在做的事是上天的事，是最高最高無極理天的事。沒有幾個能懂，沒有幾個人能做。如果看無形，在你們身上也看不到比別人好到哪兒啊！看有形，也沒有幾個人看的出來，不同在哪裡？誰看得到呢？有緣人看得到啊！有的人說：我看到了。然而他看到的，也不知道有多深？有多高？話不在多，有道則正；作不在多，有道有義；想不在多，有道有佛；財不在多，有道則富；名不在多，有道則鳴。

太上老君把道引　上天下地要你明
老神在在才看清　君心明心找佛心
把道傳遞是道脈　道理乾坤想分明

傳承天命我一貫　生生世世報中情

大家辛苦了！我要求道，一併讓堂上仙佛一起代為求道，謝謝！

煩心煩事非你有　費盡心思攬身上
是好是壞心底知　雙手緊抓救雙手
踏出家門聽天語　還你一身自然清
兩手攤開迎你心　有形無形眼前現
原來閉眼覓多時　近在眼前卻不見
你既下願來凡間　了願才能變藍天

我講完了，祝福各位輕輕鬆鬆辦天事！我先退。

【青壇境太上老君道祖廟】

中華民國壹百壹拾壹年二月八日

太上老君曰：

諸位天團兄弟姐妹們！大家好！大家佛安！真不簡單啊！這若不是明白自己的責任，怎麼會有這樣的毅力，一趟又一趟，化做字字珠璣來救人心哪！這個工作不簡單。所以在座的各位也不簡單，找到自己的路，做對的事，應該是下凡最好的結果。

青青草原石上坐　壇香撲鼻思故鄉
沃土怎比故鄉園　太上道祖待今日
上天垂降金線牽　道路坎坷我輕看
祖上有德有今日　教育人心是聖賢
育人子弟明道理　人心明白自來處
心中大佛才得現　是是非非不擾心
我心平靜淨如水　責任扛起是第一

馬祖人心是佛心　祖先排排共享德
道心堅強有智慧　明白我責歡喜行

我言至此，非常感謝大家，大家辛苦了。我相信此本聖訓會帶來不一樣的氛圍。這是一個非一般人可以理解，可以接受，但是天團佛子有很大的責任，是要渡得無極理天下凡的佛子。

一顆佛心下願來　無奈紅塵浪裡滾
左思右想茫茫過　生離死別心苦悶
上天苦心巧安排　非是巧合是定數
你心有應終須明　撥雲見日天堂現
後天煩憂非你憂　先天責任才你責
事事以道為第一　命運雖有大不同
眼中只有我道心

與各位天團佛子共勉啊！我在天，你在地，你我皆是好兄弟。姐妹一家聊願中啊！我言至此，非常感謝，我們一定再相會啊！

【山隴境白馬尊王廟】

中華民國壹百零九年六月十二日

白馬尊王曰：

忘了先跟在場眾仙佛道安，我先代表在場的神佛，感謝大家做此安排。吾乃南竿山隴境白馬尊王廟主神是也！

南爭北討是我命　竿起竿落我猶豫
山上北極點我心　隴中明師一點明
境中明白何天命　白衣大士是我師
馬上奔騰是過去　尊師重道今日明
王心也是佛子心　廟中大佛終看清
謝天謝地養我身　天證我今接天命
恩情我報共享德　共心共義是本性
努力打幫又助道　力大無比我明心

我言至此，非常感謝大家！我們有緣再聚，吾退。

【山隴境白馬尊王廟】

中華民國壹百壹拾壹年二月八日

白馬尊王曰：

大家好啊！辛苦了，有點冷。

山青水綠是原鄉　隴海悠遊是天堂
境中佛燈處處點　白衣大士是我心
馬上馬下我努力　尊天敬地了中願
王子庶民我兄弟　姐妹柔情了中心
弟妹佛子牽手行　共心共力承天命
同年同月重生日　心佛就此無大礙

我言至此，非常感謝大家！期待再相會。

仁愛境

【金板境大王宮】

中華民國壹百零九年六月十二日

宮大王曰：

大家好！看到這麼多的神佛，我只能說自己不是大王，自稱大王實在慚言啊！觀音佛母說我要求三寶，要我一起作事情。感謝！

有緣今日結此緣　應是福氣時候至
腳踏實地我本分　護鄉佑民是日常
觀音佛母說有事　原來攸關天人共
原來我非我眼見　天上人間似不同

其實都該用心通　既然用心有心法
心法法門百百種　自己感受自己悟
因為修行在個人

我這個宮大王虛心求教，望天引我明白大道！我不多言！後會有期。

【金板境大王宮】

中華民國壹百壹拾壹年二月八日

宮大王曰：

大家好，大家好啊！非常感恩。小小本殿貴客光臨啊！

金光閃閃在前方　板凳端坐看世情
境土笑看人間事　大佛凡人差異明
王子也有觀音心　宮中也有天堂音
笑笑生死眼前過　看人看事用你心
人心不古待你救　世間多情多煩憂
救人明白從何來　人世流浪苦不堪
心中大佛玄關鎖　我願點玄明心性
責任我報功德立　任重道遠我共行

我言至此，非常感謝大家，期待再相會啊！

【金板境天后宮】

中華民國壹百零八年七月十一日

天上聖母曰：

不好意思！吾乃應該算是喜極而泣啊！天上聖母本尊告訴我，要先求三寶，先讓我感謝。今日來到此地朋友，謝謝你們帶給我這個機會。我要謝謝主委，今日來好多好多的媽祖，和好多好多的仙佛！

心靈感應心歡喜　天上人間本一心
你我皆是好兄妹　姐弟之情天上來
今日你要知你命　有事要做莫等閒
與天相應本自然　因為你我本一體
心裏真的好歡喜　要你知你責任心
什麼責任世間因　是否先賜他三寶
此時此刻曾相識　天上下愿分別今
你要懂得天是鄉　回天之路才平坦

天是父母你是子　完成責任是第一
人生莫要糊塗過　用你聰明救人心
我要感謝老中，感謝眾仙佛，讓我有這個機會。天上仙女下凡救人心，今日終知曉我來接天命！

天命之為何　直接告訴你
人心本是佛　所以誰是佛
人人都是佛　媽祖淨你心

想要藉這個機會，要賜三寶給在場所有的人喔！

（主委問他們媽祖從那裡分靈過來？）我在此地還真無法告訴你呀，你莫要覺得奇怪。我給你一點方向吧！

東西南北皆四方　天上人間我道場
家鄉何在莫遠求　今年自有見分曉

因為我找到我的人間仙子吧！

（主委問說：別的宮廟的人跟我說，我的神桌跟我的廟不搭，要不要換掉？）任何事情都是由心作主，看得到的物質世間都是短暫的。為什麼我們的責任，是要救人心啊？因為人的心不苦了，就什麼問題都沒有了。

人生大小事努力　何苦執著眼前物
靜待濃霧漸散去　柳岸花明現你前
如果你是媽祖心　如何看待人間情
既然願意助天行　用你佛心看世人
你會得到大智慧　與佛有緣本是你

（主委問說：這個廟到底什麼時候蓋的？）我本漢朝一女子，回天後上天要我來此護佑鄉民，不用懷疑是元朝從石碑記載尋起，主要的是你責任。什麼責任細思量。上天只想救人心！天人之間關係，讓大家明白什麼是該做的，什麼是不該做的，我言到此。

【金板境天后宮】

中華民國壹百零九年六月十二日

天上聖母曰：

大家好！時間過好快，首先感謝大家來　前緣。再來我要感謝我們的香香，陪我們好姐妹。跌倒了是正常，爬起來就好。我們在朋友最需要的時候，伸出一個援手。不是因為他是朋友呀！他也是你的姐妹。

今日本該心歡喜　滿滿感動藏心底
人間苦海有勇氣　自己就是最大力
只是當局者心迷　旁觀姊妹緊緊抱
要你知道愛你深　人間因果漸漸了
該是了願正時機　你我相見本該喜
眼淚擦乾攜手行　今世有緣承天命
等你佛心大願力　能量滿滿最大力

換你伸手救人心

我是你，你是我，不急不徐心感應！我要再次感謝大家，今日來此結緣，心裡真的很高興。我不多言，先退。

【金板境天后宮】

中華民國壹百零九年七月二十六日

天上聖母曰：

大家好！我是本殿的媽祖，大家辛苦了，今日天氣足好，足好，足好也，這種感覺就像我得到三寶後的感覺，足好，足好，足好也。人的世間其實真複雜，咱愛學是放下，方才在媽祖津沙那裡，我也在那裡我也跟祂學。祂說要放下，其實咱是作佛也，作佛要用佛的心愛大家，一樣呢！你們知道你們是作佛的就要用佛的心，要求自己對待你的朋友，你會感覺很快樂，因為那是你的本性，原來的你喔！

老中降下今生恩　人間佛子照光光
乎你知道麥憨憨　金銀財寶顧生活
不是顧你一輩子　什麼才是你的命
先天後天兩併行　攏愛顧好路大開
心裡有感才了解　上天祝你找到路

乎你知道趕緊做　人的一生真正短
腳步要穩實在做　既然咱是天上來
了願一定是第一　你有在做我在推
你有感覺事事順

我現在說的不是說你要做才會順，我說的是一個事實，因為你們從天上來，下願就是要做這個工作。想想看要是沒做，就像你說的沒做到，將來等到煩惱來也沒用。我還是要感謝大家，我不敢對你們說每年都要來，就是看到大家足歡喜。我先退，感謝！

【金板境天后宮】

中華民國壹百壹拾壹年二月八日

天上聖母曰：

大家好，好久不見！（眾答：娘娘好）

聲音特別大　有緣來相見

莫忘點玄明　天團有一份

我一定要跟大家拜個晚年，祝大家新年快樂，圓滿幸福。我等這本聖訓，等候多時啊。方才，你們已經知道：

聖訓佛桌輕輕放　金光閃閃耀佛堂

上天苦心天團到　點明下凡佛子心

不再流浪脫生死

要感謝的人太多，感謝碧香、香香、林師兄，還有我們天團的成員。

眼前世界轉眼過　唯有用心才是真

錢財富貴不隨身　業力跟你世世隨
救人救心是王道　真心明白神通顯
何謂神通你須知　你心與天有感應
才是真正大神通　救你明白心平靜
找回自信佛中坐　事事都是你願意
明白你在了你願　姐姐妹妹一起來
兄弟左右兩旁護　天上人間一家親

以上是題外話，現在要分享的是我們第二本聖訓的內容啊！

金線牽引有今日　板境聖母堂上坐
境土鏡中隨人看　天意要你明道理
上天下海不言苦　聖賢皆是把道傳
母愛本是我天性　共同努力講人聽
同船共渡天堂行　努力本是我本性
力量自然明人心　救人不需講不停
人人皆有命不同　心心相應自會明

我言到此，難得與大家見面多言幾句。有事情嗎？（班員問：疫情何時結束？）我們天團的成員知道，從來不給答案啊！但是：

既然有緣來相見　疫情何因你不明
上天安排有道理　重要是你安心性
你若要往火裡去　媽祖攔你來不及
疫情終了時須了　真有終了又奈何
明白道理才王道

這杯水看來是給我的啊！這位好兄弟，也要他明白道理啊！如果願意，有傳三寶了嗎？（班員答：有。）因為站在天團佛子的立場，救人是我們的責任，救不到心，會痛啊！我言至此，期待再相會，我退。

【金板境老頭將軍廟】

中華民國壹百零九年六月十二日

老頭將軍曰：

各位好啊！還好沒有把我忘掉。我剛才跟金板境美美的媽祖說：不要看了美女忘了老頭。我敲了文麗一下，還好沒有漏了我。我等很久，我要先求道！並且一併為堂上我的兄弟們一起來求三寶，感謝，感謝！

恭候多時等今朝　喜氣洋洋金光閃
老神在在我有道　頭頭是道非我道
將軍護國佑子民　軍心民心共一體
承接天命我心領　天下眾生我護你
命中有時終須有　鼎中有定就今時

我不打擾大家太久，我先退。

【金板境老頭將軍廟】

中華民國壹百壹拾壹年二月八日

老頭將軍曰：

　大家好！非常榮幸，非常榮幸啊！我真是深感榮幸，沒想到能與大家結緣，還名列聖訓，最大的福氣是我明白了道理，我知道了天命的真意啊！

金碧輝煌非我家　**板**境有道是天堂
境中處處獻祥瑞　**老**神在在感天恩
頭頭是道講人聽　**將**軍戰功是過去
軍刀放下喚佛子　**渡**人渡心我有份
人情冷暖是自然　**心**有感應知天命
大愛第一懂大道　**快**馬鞭策把道傳
人心不苦要懂道　**心**中罣礙全不見
謝謝天團今再返　**天**人合一就天團

恩情我報共努力

我言至此，非常感謝大家，我們期待再相會啊！

【金板境三君子廟】

中華民國壹百零九年六月十二日

徐君子仙翁曰：

諸位好！吾乃南竿金板境三君子廟的大君子是也，觀音佛母告訴我，我們三尊佛要求三寶，我謹代表三位一同求三寶，我不知道該說什麼？但是可以感受到，說不出來的感覺。好像有更高的天！更高的神！在迎接我們。感受到前所未有的輕盈，自然無拘無束，好像有一種被滿滿的愛能量包覆的感覺。不管是當人的時候或是在這裡暫住之時，都未曾有過的感覺。觀音佛母說：人本來也可以如此的幸福，那就是天堂的感覺。我們要幫人的，也就是要先幫自己，體會那種感覺，自己有所體會，就可以告訴別人怎麼做。不好意思，我只能感謝再感謝！

南竿是我第二鄉　竿土本是我歸土

金線乍見明我心　板凳坐好聽分明

境中自有天堂屋
君子臣子一家親
廟中大佛今明心
人心苦在不知道
承接天命才知曉
命運安排我福氣

三君子啊今分明
子子孫孫眾傳承
救心才是真責任
心苦智慧隱不現
天是我母感天恩

我言到此，非常感謝大家給我們這個機會，吾先退！

【金板境三君子廟】

中華民國壹百壹拾壹年二月八日

朱君子曰：

大家好！非常歡迎大家，也非常感恩！

金錢名利轉眼過　板境看盡人世情
境土何處是我鄉　三心二意非我性
君子有禮要有道　子孫共享功德利
接了三寶明真理　天命人人有責任
命運今日我自造　眼前聖訓應我心
前途光明我勇行　現世恩愁一夜泯
天堂我見處處情　堂中大佛樂無比

再次感謝大家！我言至此，希望再次光臨我們這裡的好山好水。

清水境

【清水境白馬尊王廟】

中華民國壹百零九年六月十一日

白馬尊王夫人曰：

各位大家辛苦了！尊王請我先來求道，可否麻煩？感謝，感謝大家！吾可否也代堂上仙佛求道？感謝大家！

風兒吹來暢我心　天音聽來慰人心
母親聲聲喚浪兒　何日才能聽我音
天堂本是你故鄉　人間遍地尋無處
只因不明回鄉路　遍地尋它未知數

原來道理非一般　天道非你看得清
用心應天細細聽　方能慰你佛子心
趕緊明理心清輕　才有無形大力氣
人人皆有一份力　出錢出力都是行
世風日下心不古　只要用你耳朵聽
平心靜氣人間行　唯有佛心救人心

我言到此，感謝大家，吾先退！

【清水境白馬尊王廟】

中華民國壹百壹拾壹年二月七日

白馬尊王曰：

大家好啊！非常感謝，非常感謝！恭候諸位多時。先代表本殿眾神佛，跟諸位道新年快樂！

南來北往忙何事
竿起竿落是命運
清心寡慾修你心
水中自有大禪機
境內境外皆兄弟
白天黑夜茫茫過
馬到成功放第一
尊師重道才是情
王心才有佛心顯
廟中神佛議紛紛
眾神眾佛何責任
神心也是佛子心
佛心用來事事清
接續道傳我責任
天恩我報誓願行
命裡有數心裡明
傳道解惑渡人心
天上我願才能了

道路大開終會顯　了願才能報中情
我心感謝如何述　願天助我顯大力
心中滿滿今日行　足下馬蹄不停歇
矣（以）前以後起而行

非常感謝大家！我言至此，希望下次還有機會大駕光臨。

#【梅石境高王爺廟】

中華民國壹百零九年六月十一日

高王爺曰：

大家好！看到眾神佛駕臨，告訴我要我求道，要我一起接天命，何謂接天命我本不知，觀音佛母已知會我一起，人神共辦就對了，我想我要學的還很多，可否先求道？感謝，感謝！

感謝天恩降大道　人神共求講門道
處處是道處處有　心中無佛不見道
原來道心我本然　祈求多日熟不知
眼前是道玄關藏　撥雲見日見天堂
求道眼前忽一變　佛光閃閃暖心田
原來那是我原鄉　本就我該來歸去
我定努力作天事　有緣有因渡人心

我言至此，堂上眾仙佛可否一併求道啊！感謝，感謝大家！我們後會有期。

【梅石境高王爺廟】

中華民國壹百壹拾壹年二月七日

高王爺曰：

大家好！僅代表本殿眾神佛歡迎大家，大家辛苦了，也跟大家拜個晚年。

南極星光觸我心　竿頭迎我接天命
梅花開放憶天堂　石上高坐憶當時
境中皆是我土地　高高興興迎貴客
王爺有幸接天道　爺會才能坐安穩
日日夜夜苦思量　夜晚時分思方向
聽見心裡有大願　潮來潮往敲我心
音音催我起步行　思念放下了你願
原來我是老中子　鄉在遠方近在前
起心動念非一般　而是上天巧安排

行動要快握時機　謝天大恩謝天團
天上老申等我歸　恩情我報路我行

我言至此，非常感謝大家。希望再有機緣，我們在續緣啊！

【清水觀音佛堂】

中華民國壹百零九年六月十一日

本殿觀音菩薩曰：

大家好啊！不知為何今日這麼熱鬧。觀音佛母剛才跟我說：這是機緣，也是因緣，要我求道，謝謝，感謝！

觀心觀情是佛心　音樂渺渺慰我心
菩提種子人皆有　薩埵本是你心情
佛子來到人世度　渡人為求離苦海
但將苦海當一般　未知你本天上來
苦海遊蕩終有盡　不明道理終無始
天堂眼前卻不見　待你明白開你心
與天共辦是王道　我今終於明天意
眼前崎嶇道路行　與天共辦路平平

我不多言，非常感謝與大家結緣，非常感謝！

【清水觀音佛堂】

中華民國壹百壹拾壹年二月七日

本殿觀音菩薩曰：

大家新年好。非常歡迎！非常歡迎！我很期待看見這本聖訓終於出來了，你們知道嗎？放在佛桌上金光閃閃哪！多虧大家才有這本聖訓，我知道我們現在要做的事，如何把上天的聲音，傳給此地的佛子。

南天金光閃人心　竿鄉喜迎天團臨
觀心觀想用佛心　音傳你心暖在己
佛心何需他方尋　堂中大佛待你明
喜上眉梢我承命　迎接貴客牽手行
天上人間皆佛子　團結一氣大道傳
共心共力用佛心　同舟共濟關關過
努力切記用智慧　力量才會顯神通

傳道本是你我責　天恩才能還得清
道心佛心亮無比　絲絲小雨是中情
安慰人間佛子心　時光短暫惜你情
莫要磋跎握時機

今日非常感謝，大家百忙之中抽空前來，這非常人所能做，常人有的機緣。僅代表觀音佛堂所有的人員，再次感謝大家！吾先退。

#【五顯大帝廟】

中華民國壹百壹拾壹年二月十一日

五顯大帝曰：

感謝各位大駕光臨，我可否先求三寶？但讓你們先請示，以讓你們放心可以嗎？請你們先請示，用你們的方式。可以了，感謝！感謝！再感謝！可否代堂上仙佛一樣求三寶？要感謝的太多了，首先感謝天團來此，來到南竿多年，我們的子弟們，個個用心，個個誠心。我希望他們跟我一樣，有機會知道何謂理天的天命？大家來自何方？將去向何處？接下來當然要感謝我們本殿所有的人員，你們個個都是善良的佛子。

清水洗滌我心靈　水聲潺潺觸我心
境土風光憶原鄉　五顯大帝下顧降
顯靈智慧人心救　大佛遍引堂中坐
帝心如何明你心　今日上天終安排

日月明心又見性　明盤渡人天人辦
心中喜悅如何知　傳遞天意我最行
大佛今日終見你　道心救人顯佛心
行道救人要救心

我先言到此，是否先批訓？

與天共辦是我責　濟世救人人心苦
原來人心不明理　道心本在堂中坐
只知外求不明心　今日點玄開心門
氣天直奔理天界　智慧大開事事清
修行修身才是真　身心健全才有力
此心非比一般心　是你佛心自身顯
了你因果了你願　有緣才能今日聚
緣分深深早安排　用你智慧細思量
傳承天命我有力　明心見性終回鄉

我言至此退。

【珠螺境玄天上帝廟】

中華民國壹百零八年七月十一日

玄天大帝曰：

在此恭候多時，吾乃要先完成我在此恭候多時的目的。我要求得老中娘直降三寶！馬祖此地的仙佛，主要的責任是將來與天團共辦天事，地方這麼大，天上人間都要做很多。上天的這個道太深了，你們也不用擔心有人懂或不懂，懂的人自然心裡會知道跟天好像有特殊的關係，心裹知道大家來到此地，就是一個牽引。

此道可非一般道　　最高天上金光閃

眼看金光心暖暖　那是我鄉老中喚
孩兒何時回家鄉　要你懂的此道理
事有先後怎麼看　簡單告知細聽了
承先啟後傳天道　這是上天唯一願
莫看小廟藏天機　廟不在大在有靈
用你心眼看人心　肉眼只是表面清
人人皆是好兄弟　目標一致開人心
心裡明白此道理　方向明確走下去
大道不在外面行　藏在何處待你尋
時機到來點你心　開悟之時就今日
我在此地久候時　眾仙眾佛論紛紛
這條道路如何排　天團來到才順利
此行目地很清楚　順天應命看時機
我言到此，感謝大家。

【珠螺境玄天上帝廟】

中華民國壹百壹拾壹年二月十二日

玄天大帝曰：

南竿最後一場，大家辛苦了！為報中恩，天人共辦，真不簡單，我是本殿玄天上帝。

珠螺境內眾神迎　螺心明心齊相聚
玄天上帝稟天聽　天人共辦了願情
上帝老中思兒心　帝心一樣思母情
傳承祖脈是責任　道心彰顯最有力
解惑人心變佛心　惑多惑少一點明
明心見性不容易　你要努力才能明
心佛智慧才助你

我言至此，再次感謝大家，一定再相會。

【珠螺境白馬尊王廟】

中華民國壹百零九年六月十一日

白馬尊王曰：

大家好！吾乃先求道，非常感謝，感謝！

迷迷糊糊迎大局　原來責任如此重
物換星移黑白過　是何原因引我行
原來本是一家親　兄弟姐妹兩地行
我在天來你在地　相輔相成才有力
借了三才說分明　上天降道救原靈
莫再生死輪迴轉　趕緊細想眼前路
此物非你速速放　才能找到你光明
有形外在為無形　用你智慧訴佛子
趕緊找回大佛心　莫要蹉跎斷光陰
天災時降難預測　作好本分才是真

白馬尊王與你行　將來故鄉憶當時

我說完了，感謝大家，我們下次再見。

【珠螺境白馬尊王廟】

中華民國壹百壹拾壹年二月十二日

大家好，大家好辛苦了，我們快快辦事啊！吾乃堂上白馬尊王。

白馬尊王曰：

珠螺境上金光喜　螺貝天音暖我心
境中原有貴客臨　白衣天團傳天命
馬首是瞻我聽命　尊天敬地中恩情
王心明心皆佛心　順心才是大福氣
天上眾神齊佑你　應做何事要想明
命運我造功德力

我言至此啊！再次感謝大家。

福沃境

【福澳境華光大帝廟】

中華民國壹百零九年六月十一日

華光大帝曰：

有失遠迎，但恭候多時。可否先求天道？感謝，感謝！忽然好像知道自己要什麼了。

華麗非我本佛心　光宗耀祖是何意
大佛心中坐已久　帝心本是佛子心
承先啟後是責任　天上人間一般情
命裡終有實須有　霧裡看花不要緊

真真假假分不清　唯有真心見佛心
條條大路皆是路　何路才是我大路
上天勉勵降佛子　快快普傳大道心
五教皆是稟中意　萬教萬宗是一宗
個人因緣自由去　今日既有巧安排
用你佛心應天心　走你本來你之路
任何阻礙皆看清

我言至此，可否代堂上眾仙佛求天道啊！感謝！我退。

【福澳境華光大帝廟】

中華民國壹百壹拾壹年二月八日

華光大帝曰：

大家新年好啊！感恩，感恩，感恩！天氣這麼冷，你們的衣服有穿夠嗎？辛苦了，辛苦了！非常感謝，這本聖訓讓我們議論紛紛，大家期待很久啊！除了感謝我們天團，接引我們領天道，也瞭解了很多原本不瞭解的。不知天上佛子降人間，連氣天神的我們，也不明白究竟，領了天道才知道。

南雁北飛是自然　竿起竿落為那椿
福神財神齊相聚　沃境沃土滿滿是
華麗金裝非我有　光環加身才我願
大地祥和瑞氣顯　帝心王心皆佛心
謝天謝神謝自己　天恩難報我努力
恩情四海渡人難　我定出力共同行

不慌不忙天團子
暖暖陽光是中愛
心中大愛化行動

懼怕拋腦後再行
佛心原是你我心
讚嘆福氣我珍惜

我言至此，感謝，感謝，再感謝！期待再相會啊！

【福澳境白馬尊王廟】

中華民國壹百零九年六月十一日

白馬尊王曰：

大家好啊！非常感謝大家，恭候多時。剛才跟白馬尊王本殿主神討論了一下，吾謹代表所有的白馬尊王求天道，爾後如果再到其他地點的白馬尊王廟，白馬尊王皆已求道，只是有機會讓他們和大家結緣。可否求天道？感謝，感謝！

馬祖福沃福人居　上天派來一天團
散播天音慰人心　天音本該天堂有
老中念兒心淒淒　天團人間四海遊
苦口婆心勸回頭　難放難放我執著
世間人生有幾何　未能立下功德心
無奈更牽因果報　用心用心停腳步
找對方向踩你路　輕輕鬆鬆自在行

天堂本是如是心。

方才所言講給一人聽，也是講給眾人聽。說者有意，聽者有意，就成了。我言至此，再次感謝大家，我們下次見。

【福澳境白馬尊王廟】

中華民國壹百壹拾壹年二月七日

白馬尊王曰：

大家好，歡迎歡迎啊！先代表本殿堂上眾神佛，跟大家拜個晚年。希望今年風調雨順，正氣滿滿啊！

福氣滿滿沖雲霄　沃地肥土是中恩
境天境地是人間　白手起家人人是
馬上英姿以為尊　尊天重道才是真
王中須有大道心　感動天地渡人心
謝天謝地謝貴人　天上人間皆我鄉
團團圓圓明心性　傳遞天道我今明
道理用心才會明　授我三寶明意義
業力瞬間轉大力　解脫生死一瞬間
惑明不再阻礙行　我心明白天命意

隨行隨念渡人行
行動要快搶第一

感謝大家！我言到此，祝福大家心想事成。

【福澳境地母廟】

中華民國壹百零九年六月十二日

地母娘娘曰：

我想是上天可憐我吧！我知道這一次的活動，我想如果我有機會，我可以跳脫目前的生活。我可以求三寶嗎？非常感謝！我很多事情不懂，但我知道，我很珍惜這次的緣分。（服務廟的**大姊**曰：好久不見。）我要謝謝你，**大姊**你我緣分不淺，我有今日也是你幫我，我們本來緣分就很深。你幫了我，我一定會幫你。我因為這幾年來，在這裡廣結善緣，叫得動的，我有一點力量。上天事，我有一點緣分，這是為什麼我得到訊息。

（服務廟的**大姊**曰：你要幫幫我！我孫子十六歲現在在醫院，開刀完已昏迷一個月，你要幫幫我！你一定要找個會開口的來幫忙。）在這裡會開口是解決世間事啊！也是要有緣的人吧，眼前只能做，盡人事的事情。

他本壽命將盡時　改變天意非我力
為報此恩結緣時　盡力而為我應該
詳細情形有大師　懇請老師指迷津
但是你心要放寬　上天若留有原因
上天不留也是命

我只能感謝再感謝！把你們請來真的是天恩，我不多言，不好意思，我要代王將軍堂上眾神佛要求三寶，謝謝！再次感謝大家。

復興境

【半天陳夫人廟】

中華民國壹百零九年六月十二日

陳夫人曰：

大家好！吾乃南竿復興境半天陳夫人，講的不好，請不要見笑。

南天玉帝眼前現
竿我手中我心亂
復興境內現異象
興心然然聽佛心
境內天恩降甘霖
半天聽完明道理
天是父母我是兒
陳家誰家不要緊
夫人也是上天子
人人是我好兄弟

廟中大佛隱不見
日日月月累積深
心裡澎湃淚滿襟
性命本是同一體
天上人間任我行

今日明白障礙多
明白道理一瞬間
見到老中我明心
感謝上天讓我明
恩情待報我努力

我言至此，非常感謝大家！吾退。

【牛峰境五靈公廟】

中華民國壹百零九年六月十一日

五靈公曰：

大家好！我僅代表五位肝膽忠義之士與大家結緣，本殿五靈公，觀音佛母說：我們要共辦天事，要先求三寶，感謝，感謝大家！

大江東去浪滔盡　道傳四海救人心
傳說真假說分明　五湖四海皆我境
靈山靈廟要有靈　公公正正是我意
靈靈覺覺是本體　此處道理是天理
天有天律眾承諾　今日我願誠心意
扛起責任救人心　人心清楚才有力
任何困難皆煩惱　煩惱本非你自有
速速放下還你清　清清白白智慧顯
才是真正大實力　善心佛心有神力

你作一分我助你　一分也能成十分

我言至此，辛苦各位了，感謝！

【牛峰境五靈公廟】

中華民國壹百壹拾壹年二月八日

五靈公曰：

大家好啊！歡迎蒞臨本殿。感謝大家的辛苦，促成了此本聖訓，真是得來不易啊！

牛頭馬面世人懼
境中自有黃金屋
山中林木高參天
五路財神齊相聚
公心乍明知天命
神仙不明怎能渡
打打敲敲說人聽
助人本是我責任
心中蓮花朵朵開

峰中紫竹現觀音
龍子詳讀佛心明
寺中神佛排排坐
靈氣祥光照吾靈
眾神眾佛點玄明
佛心明性才有力
幫你幫我了大願
道心本是我自有
歡歡喜喜大道行

喜上眉梢行天道

我言到此，再次感謝大家給我們這個機會啊！期待再相會。

四維境

【西尾境天母宮天上皇母娘娘廟】

中華民國壹百零九年六月十一日

皇母娘娘曰：

大家好啊！吾先求道，感謝各位！

天上急令傳耳邊　上天下地巧安排
皇天不負苦心人　母親終能慰我心
娘是天來我是兒　娘說人人有天命
承先啟後說人聽　天上人間共續命
命中註定攜手行　天語說給姊妹聽

彷彿回到原鄉林　身心自在天堂情
姐姐天命努力行　完成責任好復命
感謝大家，下次再相會。

【西尾境天母宮天上皇母娘娘廟】

中華民國壹百壹拾壹年二月十二日

皇母娘娘曰：

大家好，大家新年好！非常感謝，遠道前來贈書本宮，今日堂上眾神佛期待已久啊！

西尾境中眾神臨　尾隨才知我本性
境中好人好佛心　天恩疼我點我明
母愛四海無邊際　宮前宮後罩我心
天上皇母隨觀音　上天下海渡人心
皇恩蕩蕩知難報　母娘接命說人聽
娘娘護國也佑民　娘心母心救人心
承先啟後代代傳　天音暖心明心性
命裡乾坤巧安排　救心渡人智慧行
人人誠心求庇佑　心中大佛最有力

我言至此啊！再次感謝大家。

津沙境

【天后宮】

中華民國壹百零九年六月十二日

天上聖母曰：

大家好！不好意思，你們本來要去吃中午飯。想說直接過來不用等下次，因為咱們等很久呢！感謝，感謝感謝再感謝！

咱媽祖娘子軍團想求天道，麻煩您喔，感謝，感謝！

津津有味是人生　沙中乎你知天命

天命是啥說你聽　上天交你大責任

聖人賢德做夥來　母親願望兒來擔

蓮花朵朵是佛心　乎人看到心清明
人在世間沙中行　了願救人無阻礙
因為佛心有大力　所有阻礙無要緊
天上聖母是我心　老中子孫是我靈
大家本是一家親　四面八方勇敢行
天團不是為自己　其實自己大福氣

我這樣說的很明白喔！你們可以去吃飯了。感謝，感謝！咱們這裡兄弟姐妹就麻煩你喔！福氣大家有，工作大家要作夥做啊！感謝！感謝！期待再相會。

【天后宮】

中華民國壹百零九年七月二十六日

天上聖母曰：

大家好喔！我足感動，真正足歡喜！你們這次來，第一站就來阮這，真正足歡喜足歡喜！今天天氣有點熱，不過還算不錯，辛苦大家喔！現在咱在馬祖這裡，大家來討論就是你有求道了沒？求得三寶，大家都在討論，最重要的是你知道求這是要做什用呀！那個意義是什麼，為什麼咱會很歡喜，因為不是每個人都有機會，有緣分。

三寶意義是什麼　得到三寶要做啥
天是父母你是兒　父母盼望你歸返
苦等無時空夢路　既然你是天兒女
要報父母大恩德　人間孝順咱父母
天就來把兄弟救　兄弟姐妹都一樣
大家本來天上來　憨憨不知要返去

輪迴世間苦海遊　你是佛子用心看
事情不要看外表　講話不要說太多
腳步來走是真的　怎樣來求咱的心
要知道理讓你悟　你若悟了真天理
智慧大開有仙助　助你講課人人聽
人生快樂有功德　孝順天上老中親
最大功德沒別項　趕緊來把自己救
先救自己救別人　人要起來心要放
煩惱不是你該有　作佛心裡足歡喜
人人是佛大快樂

希望大家快快樂樂喔！人世間本來就是苦海，你只要知道你是佛子，本來就有那個智慧去快快樂樂，煩惱是你不懂道，不懂天理的人，硬帶在身邊的喔！我要再次感謝大家，我真的足歡喜，每年有來，我這裡一定要來，等大家。我先退喔！

【天后宮】

中華民國壹百壹拾壹年二月七日

老中娘曰：

　　各位天團的成員大家辛苦了。津沙天后宮天上聖母，誠摯請求我一定要過來。天上聖母非常高興，我被祂的誠意感動，祂覺得祂何期有幸。我想要告訴祂，不是何期有幸。

佛子下凡各有因　因緣不同各自了
回鄉之路在眼前　只是不明難看見
流浪生死非中願　佛子佛心下願來
接天續命非一般　莫要等閒輕視之
津沙聖母護道行　老中面前下重願
天團眾兒中所託　喚醒佛子心中佛
佛子不明是一般　天團成員心要靜
用心領悟智慧顯　知道方向步步穩

老中所託孩兒明　事事都是好事情
人人都是好姐妹　怨天尤人非你行
我願孩兒心清淨　賜你能量正氣滿
莫要憂傷只記得　傳遞福音我大任

感謝眾孩兒們，心裡再難過還是開心，能有機會訴訴中情。我言至此，我們下次再相見。

法會現場即時有仙佛聖借竅三才聖乩臨壇沙盤批示聖訓

天上聖母曰：

歡迎啊歡迎！足歡喜！足歡喜啊！感謝老中娘！我感動到不知要按怎跟大家講，我心裡滿滿的感動。

津沙聖母見老中　沙中乾坤突然顯
天上母親疼我心　后天皇土是故鄉
宮中大佛坐穩穩　天上人間大道傳
上天賜我三寶接　聖人教我大道明

母親開道引我行
團結一心無雜念
弟子師父共一心
妹妹姐姐媽祖情
傳天講道渡人心

天團兄弟姊妹迎
兄弟姊妹喜相逢
姐妹談天憶當時
牽手一起講人聽

我講到此，有機會我還會去寶島與大家結緣，感謝大家！

北竿鄉

塘岐境

【信德堂探花府田都元帥府】

中華民國壹百零八年七月十三日

田都元帥曰：

大家好！恭候多時啊！請賜我三寶可否啊？感恩再感恩！上天給我機會，是機緣到了。

古代聖賢知天命　祈求大道看時運
有道無道天知曉　只有心佛悟道真
師父將你引進門　道路怎走看你心
此道並非上天賜　是你下願來此行

回頭望去心領悟
是是非非本無形
正路本是我來行
用你智慧開心門
燈油無盡就看你
天人共辦馬祖情
本是你心照汗青
我言至此，我退。

一路走來懂是非
領悟道理坦蕩蕩
花言巧語隨風去
師父點你內心燈
上天安排時機至
聖母慈悲渡人心

【信德堂探花府田都元帥府】

中華民國壹百壹拾壹年二月十二日

田都元帥曰：

大家好啊！大家辛苦了，我是探花府田都元帥是也。可惜今日天團成員吃素是吧！無法好好招待大家，改日再來。北竿今日真熱鬧。（主委剛好進來）感謝！我心怎說起？

元帥天人共辦起　才有通天大神力

人間辛苦責任扛　愛鄉愛民你本性

眾人佛子要明心　府前府後亮晶晶

皆你功勞我心喜

非常感謝！今日因為觀音佛道天團成員在此，我們先把上天的事辦了，感謝感謝啊！

北竿今日真熱鬧　竿土竿田現天堂

探花也是大佛心　花中觀音蓮蕊坐

府前府後論紛紛
都帥救人講你聽
帥氣帶你明心性
天意我傳救你心
守護家園報天恩

田中佛心本自有
元神山中隱不見
代天護佑我鄉民
巡守國土我最力

我言至此啊！打擾各位了，但是，有今日與大家結緣，真是快樂無比啊！謝謝謝謝，有緣我們再相見！

【玉封蕭王府】

中華民國壹百零八年七月十三日

蕭王爺曰：

感謝諸位！沒有想到此時此刻有這個機緣，求得上天之道，上天**老申**告知，念我忠義之士，要我為子民做更多的事，要賜我遊走三天之權利，賜我天道！

自古英雄皆寂寞　人生在世不明理
問天問地皆不語　苦心只能留自己
善惡皆是由人做　唯有悟道是佛心
人轉佛心看清清　笑看世間一世情
幾生幾世忙忙過　今日之機何時有
莫要重蹈前世過　就從明白還本心

雖然我的心滿滿的，不耽誤太多時間，真的非常感恩！

【玉封蕭王府】

中華民國壹百壹拾壹年二月十二日

蕭王爺曰：

大家好大家好啊！辛苦了，辛苦了！我是本殿蕭王爺是也。

北風陣陣吹我身　竿起竿落如人生
蕭王爺啊大堂坐　王心原來大佛心
府中雕樑如金玉　明心見性是真金
天傳旨意把道講　心裡有印我承命
傳遞天意人人責　天上母親待你歸
意念要靜淨如水　通天達意才能明
天上人間皆我鄉　心中大佛才能明
把握時機明道理　道理明白脫生死
傳天旨意說緣起

我們三才雖然累了，但也盡力了，大家辛苦了。我言至此，感謝大家，感謝大家！

【水部尚書公廟】

中華民國壹百零八年七月十三日

水部尚書公曰：

大家好啊！我接了一個玉旨，玉帝告訴我：問我是否要共辦？玉帝到此，我如何回應啊？玉帝說：我要先求三寶，感謝老中，感謝玉帝，感謝眾仙佛！

通天旨令我接起　本是我佛性顯靈
天上人間佛子聚　攜手共同救人心
我心翻騰久候時　原來上天看我行
誰人佛心上天知　天眼法眼看仔細
哪條道路是我路　你要有形無形福
你若是人肉眼看　你若是佛心眼做
悟道之後轉佛心　世間菩薩就是你

我再次代表本殿仙佛感謝諸位！也是因為有諸位，我才有這樣福氣。我不多言，我先退。

【水部尚書公廟】

中華民國壹百壹拾壹年二月十二日

水部尚書公曰：

歡迎大家，歡迎大家，我是本殿水部尚書公，大家辛苦了，辛苦了！

水部尚書好福氣　部門裡外論紛紛
尚書承接大道行　書裡學問我本名
公使本是傳天意　承先啟後用道心
天道中降我承接　命運各有一貫行
說理要用大智慧　人心才能變佛心
聽懂天音佛心顯　傳承聖賢我最行
天降凡塵願了心　道心道明使命成

我言至此，非常感謝大家，希望能夠再次光臨啊！

【廣玄宮】

中華民國壹百零九年六月十三日

真武老祖曰：

大家好！真的是好久沒有看到，這麼樣的場面，好感動啊！我有機會求得天道，可以一起天人共辦。讓人們知道天命，人命，差別在哪裡？我知道今日是一個開始，我要先求明盤四盤三寶，感謝，感謝！

馬到成功是目標　祖上有德庇子孫
真道不必一般言　武漢乾坤夢裡行
老神在在坐堂上　祖師天命我今得
收圓之日在眼前　把握時機才是真
功名財富轉雲煙　跟著天團樂逍遙
因為你本天上來　唯有共辦心開懷
心裡有應稟老中　給我力量踏出去

母親愛你終自救　唯有你心得天助

唉！真是太高興！我知道這是一個開始，我會跟著眾仙佛好好的一起做，我想要代堂上仙佛求三寶。

眾仙眾佛呵呵笑　能有今日真值得
唯有快馬加鞭行　才能報答老中恩

感謝大家，感謝大家，我先退呀！宮主你回來了！

今日本殿喜洋洋　佛光好比九重天
眾仙眾佛等今日　終得圓滿接天命
老中旨令理天降　道盤流轉順時機
天人共辦時有變　無法好好辦天事
只好轉盤續天命　隨人隨緣有因果
樹欽明白心有應　真武老祖似觀音
觀音掌道我跟隨　我心著急人難渡
因為救人要救心　順天應命隨師轉
接續天命才是真　眼前道路為你開

給你時間細思量　樹欽根基紮的穩
上天助你事業亨　先天後天皆你責
只是世事變化大　用你智慧走對路
代代相傳是真理　道命延續是大任
廣玄宮裡有天命　但要天人共辦起
堂上仙佛已就緒　人間道場就等你

（宮主曰：我在北竿二十幾年，每家都辦自己的。）待我說來：

人心不古本難渡　不畏艱難你下凡
因為同為老中兒　不忍兄弟姐妹苦
再難也是我責任　隨緣隨渡是天意
信徒再多不懂理　無法回天脫生死
唯有明心見佛性　知你來處立功德
救人佛心佛性顯　就是最大你功德

有沒有什麼問題呀？（宮主曰：我一直跟仙佛講道務要怎麼宏展，真正去做這比較難，需要靠仙佛！）

你有在作天助你　莫要謙虛你心知
智慧滿滿懂變巧　今日為何請天團
上天知你心著急　懇請天團說分明
樹欽必需接天命　先天後天才得意

（宮主曰：接天命！廟裡已接，我本身也接旨令。天命很複雜也看不到。）所以我請我們天團成員跟你說分明，要不要做不是我們能決定，但是你自己會知道答案。還有別的事情嗎？我先退。

【廣玄宮】

中華民國壹百零九年七月二十九日

真武老祖曰：

吾乃本殿真武老祖是也，我們天團辛苦了，這幾天跟著大家東奔西跑，收穫滿滿啊！感謝大家，邀請大家來共聚一堂，我言幾句，大家再共商大事啊！

北極星光引我路　竿裡乾坤藏真理
廣濟佛子聚一堂　玄裡真假看分明
宮前宮後忙迎賓　真理越辯越分明
武功蓋世看誰真　老神是我謙卑行
祖脈傳燈我接命　接續責任快馬行
天恩難報我盡力　命中有數我心明
明盤四盤責任大　理天佛子引渡鄉
眾佛眾人看運氣　把握時機上法船

老中愛你疼在心　不捨佛子不明理
天命要接先知理　一切隨緣看天意

我講完了，講的比這幾天的生活還要多啊！因為很重要，所以講多一點哪！有什麼事情嗎？否則我要退了。（宮主問：是我們真武老祖嗎？）是啊！你說是就是，說不是我還是啊！

（宮主問：我們旁邊這塊地要去建廟有沒有什麼指示）上次問過類似的問題了。（宮主問：上次沒有講的那麼明，我在規劃看有沒有喜歡怎麼作。）如果問我，我想要的是天道佛堂，何謂天道佛堂？聽我說來！

理天氣天皆有神　人間皆有分高低
懂道不懂皆是佛　有人了解有人迷
先天佛堂渡眾生　看你如何把事辦
佛堂要渡理天佛　也要教育眾生靈
什麼佛堂渡眾生　大家商議清楚明

我這樣回答你清楚嗎？還有別的問題嗎？

樹欽你我緣分深　天人共辦早已行
今日真理聽分明　眼前大事用智慧
上天怎排你今作　你我心靈有相通
用心感受你會明

應該沒有問題了！（宮主說：沒有問題，老祖講什麼我就做什麼，老祖是我們的主公。）我好感動啊！但是我告訴你我要靠的是你呀！（宮主說：老祖想做什麼、我們一起做。）這條路不好走，但是這是唯一的路。我先退你們慢慢談呀！

【廣玄宮】

中華民國壹百壹拾壹年二月十三日

真武老祖曰：

終於再相會啊！吾乃本殿真武老祖是也，歡迎大家，歡迎大家！

聖訓處處有，此本不一般哪？

北方天音暖我心　竿起竿落人生境
廣玄宮裡有大道　玄關點你明心性
宮中仙佛個個急　真正道心如何傳
武功蓋世講道理　老師講道我盡心
祖上賢人傳我命　有道要用智慧心
道務本就不簡單　心裡莫急待時機
點兵點將理天佛　兵將皆是老中恩
點你心頭莫忘記　將來功成名就去
道心本是人自有　只是秉性纏你身

如何丟棄你秉性　顯你先天大佛心
兄弟姐妹有道心　快樂走道才是真
就像天團把道傳　安安心心天堂行

我言至此，還好，最後一篇不要把我忘了，非常感謝大家！非常感謝！（王樹欽問說：真武老祖慈悲，真武知道我規劃一件大事情。）你說，就是三才不知，我不好說，你說就是。（王樹欽問說：鐵皮屋要蓋一間大廟，執照已經下來，這是一件大事，其它怎麼做，邊做邊打算。我們費用很少，因為我們畢竟是道場，不是跟地方廟一樣，很多人來支持，我們只有幾個修行人共同辦，有沒有什麼特別指示。）

方才聖訓點的很明，如果時間允許，可以請我們老師解釋一下聖訓。因為觀音佛道天團都知道，請三才開示，從不直接說明，因為天團成員，要用智慧，用先天智慧做後天事情。因為本來大道就難傳，你要救人的心何其容易，你走兩步，我走參步啊！只是看自己天時地利人合，自然水到渠成。我講完了，可以請老師解釋一下，如何啊！

還有問題嗎？再次感謝我們天團成員，下次再相會啊！

【玄天大帝】

中華民國壹百壹拾年三月十四日

玄天大帝曰：

感謝大家，感謝大家！我是本地玄天大帝，真是大大的福氣，我能與眾天道神佛共享福澤，我可以先求三寶，感謝，感謝，感謝！獻醜了！

塘歧今日仙氣滿　岐路上天引你來
玄之又玄因不明　天團特來說分明
大大佛堂佛子坐　帝王之道今予你
順順利利接三寶　天時地利我福氣
命中安排早有定　你我應心兄弟情
心中有道天清清　歡歡喜喜大步行
喜上眉梢功德力　牙牙學語歸原鄉

我言至此，再次感謝各位，先退了！

芹壁境

【天后宮】

中華民國壹百零八年七月十二日

天上聖母曰：

大家好！吾乃北竿芹壁境天后宮天上聖母是也！歡迎來到此地。今日來很多媽祖，真的很多！很多喔。祂們說：要我要跟祂們大家在一起，請問你要賜三寶給我嗎？感謝再感謝！我可以代替這裡所有仙佛，咱本殿主神是咱將軍，鐵甲元帥，我可以代表求道嗎？所有的喔？感謝！

北方南方遍地尋　竿見乍明祂在心

芹壁看似天堂境　壁土壁天代代傳
境內人心感天意　天團引我明心性
后天后土皆我鄉　宮前宮後現祥瑞
天上聖母喜在心　上天恩德我怎報
聖人兩旁攜手行　母愛之大如湧泉
明心見性煩惱清　道路現前我不懼
理由說給他人聽　救人救心是王道
人人都該回天去　心安理得覆天命

我言至此，非常感謝大家！吾先退。

【天后宮】

中華民國壹百壹拾壹年二月十二日

天上聖母曰：

大家好，歡迎大家，再次光臨。林師兄、香香再次感謝你們，聖訓得來不易，眾人努力，有機緣可以說給其他人明白呀！懂一個就救一個，救人明心見性，了脫生死，這樣的功德真的很大呀！我是本殿天后聖母。讓大家知道一下，我們求得無極理天三寶，氣天神接上過去生生世世不滅的本靈，所以才會智慧大開。其實在語言上明心見性，不是一時了悟而已，而是能產生源源不絕的先天智慧。所以氣天神求三寶的可貴，真是不知那裡來的福氣啊！

芹壁真是好風光　壁上匾額顯佛力
天上仙女下凡來　后座承接我佑民
宮中神佛一條心　聖人賢士共努力
母親大愛引佛心　救人苦心轉天心

人人都是好佛子
齊聚一堂是機緣
力大無比功德力

心中不明不知曉
努力共同渡人心

我言至此，非常感謝大家！我期待第二本聖訓，我們再相見。

【江西龍虎山趙元帥府】

中華民國壹百零八年七月十二日

龍虎山趙元帥曰：

感謝老中娘！感謝眾仙佛！讓我有此機會來敘舊。

征戰沙場應時命　兄弟一場萬世情
志在八方豪氣高　英姿煥發是你性
你我本是好兄弟　順天應命彼當時
無奈沙場命終盡　誓願來世結兄弟
征戰有功我接命　天上人間兩樣情
上天慈悲念我心　今日來續兄弟情
我在天來你在地　天地本是共一體
天人合辦是天恩　攜手來共救人心

再次感謝大家，吾先退。

龍虎山趙元帥曰：

沙場一漢子　唯有血和淚
誰知共因果　也結兄弟情
上天慈悲行　引渡天堂道
否則因果論　何時終了時
原來托咐弟　只為尋踪跡
尋得是何路　天上人間共
祖廟恍惚鄉　皆是我企盼
今日方向明　與天共辦情
恕我殺戮罪　就此脫苦海
無憂生死論　一覺等天堂
你需常靜心　與我心感應
看似東方去　極樂在西邊
你心應我心　岔路終分明
有疑問自己　答案了然心

我征戰沙場之前也很有文學素養，其實心裡非常高興，只是男兒有淚不輕彈。能有今日，我想是上天慈悲！有些世間事真的要做很大決定，還有老師可以問。但是同樣老師，不準你要怪老師嗎？其實老師就像上天一樣慈悲，他是慈悲下願來渡眾生。但是每個人有每個人的命運不同，我們征戰沙場的人，那會相信什麼命運。你後面的命運就靠你自己了，好像這是天機，很多人不明白。如果你一直求，求不來。但是你一直做，就自然而然會來。後面還有一位大佛要來，我先退。

法會現場即時有仙佛聖借竅三才聖乩臨壇沙盤批示聖訓

通明中院關聖帝君曰：

大家好啊！真是高興，高興，高興啊！看到這麼多英雄好漢共聚一堂，我跟我們趙元帥說：我是替祂高興啊！能夠大家一起做普渡人心之事。祂剛剛說是天機，跟你們在座幾位講也沒關係，因為你們本來就是來做事的。接到命了，還不做，上天自會調教。趙元帥的祖廟，應該可以很快找到。找到後你細思量下一步該怎麼做，兩人可以攜手好好去想，方向要對。人世間的榮華富貴，我們是不看在眼裡的，那是過往雲煙的呀。什麼是你帶得走的？不要自以為清高，說我不要功德，其實那只是你的責任啊！你責任做了，你還怕什麼因因果果嗎？說你們是天上來的，一說就會懂。我只是很久沒和大家見面，想說顯個身告訴大家，我來來去去會一路護著你們。我不多言，先退。

【江西龍虎山趙元帥府】

中華民國壹百零九年六月十三日

趙元帥曰：

大家好！非常感謝各位，不辭辛苦再度來到此地。

趙家子弟有福氣　元通亨利接天命
歷史傳承意義大　上天降旨天人辦
步步高昇續福慧　後天大小皆短暫
吾有智慧看得清　先天之事重如山
有福有智才能辦　既然牽引至此地
上天拉你免溺斃　莫要傻傻死裡去
白來一遭費安排　今日問題盡力回
天機可洩才分明

好久不見！很想大家呀。今日我知道大家費心安排，一切順其自然。要我先說？還是你們先問？（班員問：請教趙元帥，趙元帥指示江西龍虎山去找趙元帥祖廟，現在還是遇到困難。可否請趙元帥，提供生平歷史，以方便傳承記錄廟史？）

吾乃肝膽忠義士　元帥之名國家賜
保家衛國是我命　兵荒馬亂是天意
可去當地找趙氏　找到種子探究竟
過去歷史難考究　眼前人物才是真

我言至此。（班員問：祖廟傳承的歷史？）首先先按照你們問的問題去一看究竟，應該會找到一些東西，這些東西才能讓陳教授寫的更多更清楚。大家這麼有心，我也祈求上天幫幫忙。不是你們在求，我也要求。

（班員問：家事）因為不懂天人關係，以為自己需要再到另一個世界，還要和自己的冤家糾纏在一起，那就不好。但是如果懂的話，什麼都不是問題。再多的因果，再多的糾結，只有放下了，才知道我是可以這麼自在啊！因果在一瞬之間是可以放下的。不用說那是我前世的，只要你明白，你了悟，因果瞬間即逝。但是你的前一輩的心要去做，做給上天看。我懂了，我悟了，我要好好的做。不要把責任都推給別人，人家說一個巴掌拍不響的。懂嗎？我盡力了。懂嗎？在此地，別人已經伸手給妳了，你上岸之後，要懂的感恩，畢竟祖先有時是有福報的呀！所以上天才會出手相助。還有問題嗎？

天人共辦是一樁　你說天呀先助我
我說你傻不懂道　上天悲憫人人救
就算回天有福氣　超拔也是上天恩
何況你在人間行　有你共辦是大力
神無人體空煩惱　有你共行才有力
你在處理天在看　事後回到靜心等
等到花開見光明　你才知曉天助你

還有事情嗎？沒事我先退。非常感謝！我先退。

【江西龍虎山趙元帥府】

中華民國壹百零九年七月二十九日

通明中院關聖帝君曰：

大家好！不用講你們知道我是誰，我代表我們元帥堂上眾仙佛歡迎大家，明天要回去了，一路辛苦了！

趙家子弟一條心　元氣滿滿滿是心
帥氣英姿人人份　府前府後奔走論
馬祖福氣滿滿是　祖先庇佑福相臨
有心共辦天應允　福慧雙全名滿門
氣天眾生接旨令　將來共同回理天
至高福澤我感恩

我講完了，有沒有什麼事情要溝通溝通啊！（班員問說：祖廟的事，元帥有何看法。）

趙元帥曰：

前世你我本兄弟　兄弟一場續前緣
我在天來你在地　趙氏大事共努力
我想感謝你心明

人世間的一切，我們不會太多意見，我們要做的，就是助你呀！一切盡人事，其他我們自有安排，我說完了。（班員問符令的事。）

求了天道心要明　大小事情看自己
符令再多你有力　勝過幾世你兄弟
佛心滿滿最有力　慈悲看待人間苦
一心只想救兄弟

簡單說什麼都不怕呀！你現在看到鬼，有什麼好怕的？沒有修行，以後也不過變成鬼，不是嗎？鬼也可能成為人，人也可能成為神。神沒有幾人，沒有好好的學習，也會變成鬼，明白道理，明白真理，什麼都不困難，我求了天道之後不得了，我明白太多事情了，什麼叫神通？能夠助人當然是最好，如果你不知道你本心裡住了一尊大佛，你的力量使不出來呀！作佛有大慈悲心，還有大謙卑心，佛光越來越亮了，還有問題嗎？

沒問題？有好有壞，但是諸位聽我一句，人的力量最大，上面坐的，沒有你在作事，也沒辦法。但人的力量有限，你明白之後，你在做，我在旁邊跟著做，你明白道理力量是好幾倍的大，看我就知道了。只要明白這邊就好了，好！還有事情嗎？我會一路跟著你們哪，還要問什麼？（班員問：疫情什麼時候結束？有沒有時間性？）這是天機喔，是呀！沒有上天應允，誰能說啊！你們心裡應該看的很開，把握時間做，對的事就對了，明盤四盤的仙佛能講的很有限啊！沒辦法，上天旨令能講的時候到了，完全講給你們聽，時候未到很難啊！好了，講到這裡，我們明年見喔！我先退。

【江西龍虎山趙元帥府】

中華民國壹百壹拾年三月十三日

趙元帥曰：

大家好呀！歡迎歡迎歡迎哪！天氣涼涼的，大家要保重不要冷到了，我是堂上趙元帥是也。首先，我今代表本殿還有馬祖眾神佛感謝大家，這個感謝很深很深，不是眾仙佛的功德求來的。是啊！是上天慈悲要我們做不一樣的事，真的是上天慈悲啊！

鐵漢柔情佛子心　甲乙丙丁我兄弟
元氣滿滿我有力　帥氣英姿我第一
趙氏兄弟有原因　元（源）源不絕是天命
帥性帥氣是佛性　歡迎天團來指引
迎新送舊人間情　天上人間大道行
團結一起返天庭　共辦天事報中情
辦事誰來最有力　天降佛子人人信

事情辦完我心意

非常感謝大家，（主委問土地之事）我先講講觀世音佛母一貫講法，你們要更詳細答案要請教陳教授，什麼原因知道嗎？

天道非比一般道　主委當家有佛心
佛心智慧滿滿是　大江南北經歷多
什麼決定用佛心　一切圓滿你心明
天道佛子非一般　良心私心選那個
用你佛心你會明　上天早有好安排

這個答案主委可聽的懂啊！我沒給答案你當然聽不懂，但是我可給答案嗎？

土地之事非我有　天地之間有定律
莫要傷人是第一　財力人力細思量
你有智慧做決定　今日你我平起作
天人共辦是旨意　你我心應明我意
你自決定是我意　你明我明心理明

天道三才只感應　非同一般宮廟乩
上天溝通用心應　非用言語告訴你
因為我們在天庭　何需言語只用心
你有大力莫懷疑　只要記得有佛心
佛心力量力無比

我講完了，我們今天就這樣，感謝大家再次感謝大家，我先退！

【江西龍虎山趙元帥府】

中華民國壹百壹拾年三月十三日

趙元帥曰：

吾乃趙元帥是也，歡迎大家回北竿，一路辛苦了！

北方是我人間鄉　竿心我心思原鄉
趙氏一家有將心　元帥英姿威武行
帥氣可比關爺情　府上有光我耀祖
與天共辦我領命　天心引我今日心
共心協力創新局　辦完天事交差去
智心慧心佛心顯　慧外秀中我本性
行功立德我福氣

大家好歡迎回家，新年好，新年好！請快點來，看看這本不簡單《馬祖列島宮廟神明啟示錄》，我何德何能，可以名留青史，感謝，再感謝啊！啟示意義很大啊！要啟示什麼？要怎麼啟示？

元帥府裡眾神佛　點玄明心知天命
世間有形努力行　先天無形莫忘記
人間一切冷眼看　心裡歡喜就有力
和和氣氣無形財　先天後天如何行
天團佛子有智慧　人人都是螺絲釘
也是掌舵大船行　時局變化何其快
你心輪轉才有力　私情公理平衡心
才是智慧人間情　你是大佛在人間
本是兩心智慧用　平心靜氣過去智
你可用來今日做　今日聖訓送給你
好好思量你升級

非常感謝大家，非常感謝！我們先天後天一起好好辦啊！有些事需要時間給你答案，我們做好該做的，你心將與天相應。我言至此，非常感謝大家，非常感謝！

【龍角峰伍位靈公廟】

中華民國壹百零八年七月十四日

觀世音曰：

大家好！我是本殿觀世音，我要求三寶，感謝，我要代堂上仙佛求三寶，感謝啊！

五福臨門普天慶　靈山靈水本靈氣
公道自在你佛心　白陽明盤你歸依
衣衫備齊渡人去　大道扶你施大力
士氣大振天團助　完成使命歸鄉去

陳瑞香！知道剛才是怎麼一回事嗎？我也不便說分明。

從此今日兩袖清　彷彿哪吒飛上去
你本觀音慈悲心　要做觀音才順心
大事小事佛心看　保你有形無形財
兩人共心力無比　腳步堅定感你心

問天問地問自己　自性佛力大無比

我不多言，再次感謝大家。

#【龍角峰伍位靈公廟】

中華民國壹百壹拾壹年二月十四日

白衣大士曰：

大家好啊！我是伍靈公廟白衣大士。歡迎，歡迎！大家完成這個任務，真不簡單哪！證明大家明心見性，接下來要以身作則，這樣子，你渡的佛子也才會跟隨你。

北竿南竿皆我境　竿頭竿尾一肩挑
龍心原鄉是佛心　角角邊邊修圓去
峰高水低似我心　伍靈公廟看世情
靈心自在天堂遊　公心婆心皆佛心
廟中拜神點你明　白衣大士牽你行
衣冠楚楚有道心　大佛渡人要講清
士官大位非我坐　慈悲聞聲救苦去
悲天憫人我本性　救人明心救自己

人心不古藏佛心　講了大道讓人明
道理深淺隨人聽　理字自有一點明
我言到此啊！非常感謝大家，真的不簡單，期待再相會。

【壁山仙爺宮】

中華民國壹百壹拾年三月十四日

黃仙爺曰：

大家好有失遠迎，我有福氣求寶嗎？我是黃仙爺是也，先求三寶，眼前忽然一片亮，每個人看起來好佛相，感謝感謝再感謝！

芹壁風光是天堂　壁石堅硬是我心
黃金滿滿是功德　仙氣應聲見佛心
爺孫本是兄弟情　依嬷也是佛子心
嬷孫攜手大道走　引我今日明天意
大心不如佛心用　道路我走心歡喜
行遍天下尋原鄉　願行才見我原鄉

再次感謝，特引大家前來，造成不便，請多多見諒，我先退！

后沃境

【楊公八使宮】

中華民國壹百零八年七月十三日

楊公八使曰：

大家好啊！辛苦你們。不好意思蚊子很多。玉帝說：沒關係，正事快辦，要傳我三寶嗎？吾楊公八使在此接令，可否代眾堂上仙佛，求得三寶嗎？感謝，感謝啊！

楊公一門皆忠烈　忠義本是我本心
世風日下人心惡　皆因苦心不懂天
天是你父也是母　快快認清此條路

落葉歸根是終了　那是因為不懂道
有根需有土地生　無根流浪不知時
既知來自天上鄉　莫要冥頑不回頭
道心本是你本心　何須外求滿傷痕
唯有遇師點你明　否則不知待何年
道理不用說太多　心裡有悟才是真
身心一致是王道　到時人心是佛心
兩袖清風飄飄去

那不是人間仙境嗎？我不多言，希望此道理對大家有所悟。我就功德無量，這就是救人心！我先退。

#【楊公八使宮】

中華民國壹百零九年七月二十九日

楊公八使曰：

大家好，辛苦大家了，今天一直跟著大家，堂上仙佛期待與大家見面。

楊公五術助子民　公私分明無逾矩
八方神佛齊商議　使命共辦一條心
天上聖母我姐妹　上天使命我努力
聖賢留名我有份　母恩浩瀚難報情
齊聚一堂論紛紛　努力思考智慧行
力量齊聚有神助　辦事我用先天力
天下為公大道行　事事有心事事成

這些話麻煩轉給我們主委，我不多言。

【楊公八使宮】

中華民國壹百壹拾壹年二月十二日

天上聖母曰：

大家好啊！我是本殿天上聖母啊！感謝大家！這幾天辛苦了。

楊家公使展新機　公心人心攏佛心
八使領命來救心　使命一定來完成
宮中眾神共打拚　天上聖母真歡喜
上天慈悲降天道　聖人佛心一氣貫
母親愛子是天性　天心佛心護家園
心中有道有神通　明白自性現佛光
心中有愛教子民　攏是責任做伙走
道路愈走愈清楚　心花也會現蓮花

我說到此喔！等一下，請我們楊公八使與大家結緣。

楊公八使曰：

歡迎大家呀！新年好，今日真是喜氣洋洋，喜上加喜啊！這一篇訓文，好好想想，才不會丟臉哪！

楊公八使展神力　公心民心皆智心
八仙神力皆我用　使兵遣將聽我令
救心說難因不明　人心不古因果報
心中有道轉乾坤　心要神通你愛聽
講來講去何意義　道理唯有自身醒
理字有明才有力

我言到此，非常感謝大家！大家這幾天辛苦了，我先退。

橋仔境

【白馬尊王廟】

中華民國壹百零九年六月十三日

白馬尊王曰：

　我僅代表本殿眾仙佛，感謝大家給我們這個機會啊！我要代堂上其他仙佛求三寶，感謝！感謝！

北方天音傳我心　竿打我心讓我明
橋兒彎彎似明月　仔細說來我聽見
境土也是天堂園　白馬尊王明心性
馬上英姿不重要　尊師重道才第一

王心民心皆佛心　廟裡本尊心歡喜
打聽人心如何救　幫助明道放執心
助你瞬間明道理　道心讓你智慧行

不要打擾你們太久，我先退。

【白馬尊王廟】

中華民國壹百壹拾壹年二月十三日

大家好，大家好！天氣很冷啊！辛苦了，我是本殿白馬尊王，僅代表本殿眾神佛，謝謝大家，祝福大家！

白馬尊王曰：

北境南境皆佛境　竿鄉處處有佛心
橋頭橋尾皆渡盡　仔仔細細莫漏一
境中人人信神佛　白天黑夜做不停
馬首馬尾鞭策行　尊循聖賢把道傳
王境也是大佛境　替天傳道本我責
天上就是我原鄉　行道要用先天智
道務才能順又吉　責任扛起道路堅
任務雖難歡喜行　扛起放下回鄉去
白馬尊王有道心　駐守此地待時機

天團今日來點明　明心見性講不停
氣天大力展神蹟　理天神蹟聖訓顯
何為神蹟看人懂　救心了脫苦海遊
斬斷輪迴是真神

我言至此，感謝感謝大家，我們會再見面的，等天氣好一點，歡迎來到此地，好好欣賞美景。

【清頭溪五福大帝廟】

中華民國壹百零八年七月十四日

五福大帝曰：

感謝各位！我們五福大帝眾神佛議論紛紛，大家說：是什麼大事情？觀世音佛母來此引領大家。佛母告知要先求三寶，感謝！可否代堂上眾仙佛求三寶？感謝諸位！

五福四海親兄弟　福氣臨門喜相迎
大道普傳通天慶　帝君是你也是我
有緣接命心感激　保佑子民觀音心
護兄護弟關爺情　斬妖除魔媽祖力
天上人間共同心　天人共辦這場戲
上天安排誰人演　角色早定只待機
願你明心攜手進

我不多言，後會有期，我先退。

【清頭溪五福大帝廟】

中華民國壹百壹拾壹年二月十三日

五福大帝曰：

歡迎大家，歡迎大家！我是本殿五福大帝，機會難得，為著此書，大家辛苦了！

橋下溪水月娘影　仔細瞧來映我心
境中天團來點明　清清白白我心明
頭頭是道真道理　溪水潺潺是真經
五福大帝仔細聽　福慧雙至我明心
大廟小廟有道與　帝王高坐護佑民
承接天命早安排　天道本我智慧心
道理我明等時機　渡人渡心才有力
人心真苦難渡明　心中佛燈待清明
五福大帝結緣起　天上我願下凡境

為報丨中恩願力降　年年月月待道明
今日眾神有天道　先天後天兩顧全
有緣佛子點你明　無緣只待有緣機

我言至此，非常感謝大家，非常感謝啊！我們再相會。

【探花府田元帥廟】

中華民國壹百零八年七月十四日

田都元帥曰：

感謝大家！感謝來到本殿。因我已求得三寶，請代為本殿其他仙佛求得三寶，感謝，感謝！

田裡十字中心坐　都是兄弟姊妹情
元神何在覓他處　帥領乾坤是本性
接續天命是探花　天意安排本你願
命來命去何時了　接道苦海悠遊去

我不多言，非常感謝。

#【探花府田元帥廟】

中華民國壹百壹拾壹年二月十三日

田元帥曰：

大家好，大家好啊！我是本殿田元帥，今日廟裡熱鬧，速辦天事。

橋上探花等天團　仔細迎客莫怠慢

境中熱鬧年年有　田中一點看機緣

元神點明蓮花現　帥性也有大佛心

有心努力有功德　道傳千里我最行

心中大願終成就　傳承子孫我福氣

道理學習我努力　去去來來我緣牽

我言至此，非常感謝！大家期待再相會。

#【白馬大王廟】

中華民國壹百零九年六月十三日

白馬大王曰：

大家好！等一年囉，我知道你們一定會來的。我先辦大事，我雖已求道！但要幫眾堂上龍蝦將軍、福德正神以及其他的仙佛弟子求三寶，感謝，感謝！非常感謝大家不辭辛苦。這件天人共辦的大事，在天，好像人世間的國家大法，影響很廣。

天事不說你不知　因為並非凡人見
道劫並降老中心　劫難渡兒還原鄉
大道明白你本性　留在人間握時機
人生短短幾時有　共辦天事福慧深
上天本有分高低　天道人間也有分
人人有道意不同　唯有印心才真道
因為心靈如眼耳　非用肉眼來相看

天道弟子用心行　天兵天將兩旁助

我言到此，非常感謝大家。

【白馬大王廟】

中華民國壹百壹拾年三月十四日

白馬大王曰：

吾乃北竿橋仔境白馬大王廟白馬大王是也！

北竿南竿有彩光　竿起竿落見故鄉

橋上師父說你來　仔細一看是我師

境中明月映我心　白天黑夜日月明

馬首是瞻天命扛　大快我心從未有

王家李家婆心說　廟中大佛沉睡久

今日點你要你醒　日天月地給你力

明心見性有神力　智慧本是你自具

慧心佛心是天心　顯現真佛是自己

太好了！在此感謝大家！我言至此，僅代表在場神佛，吾退。

【白馬大王廟】

中華民國壹百壹拾壹年二月十三日

白馬大王曰：

大家好大家好啊！我是本殿白馬大王，非常感謝大家，何等的福氣啊！天團成員和我們能夠共同參與這樁大事。

北竿白馬大王喜　竿指點我一點明
白山白水淨我心　馬上領命學道理
大山有道我山河　王心也要有道心
知天心意我努力　天音傳給世人聽
命裡因果後天現　不明道理難還清
畏懼只因不明心　懼怕點明樣樣清
橋仔白馬大王心　想要說給眾人聽
明心見性隨人渡　因緣安排莫著急

我言至此，再次感謝大家，辛苦了，辛苦了！

【山西靈台公廟】

中華民國壹百零八年七月十四日

靈台公曰：

大家好！感謝各位來到此地。方才觀世音佛母告訴我：上天降旨，老中隨機緣，要我跟隨打幫助道，我求之不得啊！可否賜三寶？可否代堂上其他仙佛求三寶？感謝，感謝！

靈山會上一指通　台上台下皆是佛
公道自在我心中　周而復始傳天旨
律法拿捏用智慧　既然人心變佛心
過去輝煌看輕輕　眼前霓虹短短過
心上彩虹才是真　不偏不倚中庸道
先天後天兩相宜　春雷一響開我心
轟隆轟隆慶天明　滿滿天恩如雨星
洗我塵埃樂我心　遨遊天際神佛作

就此天堂來回去

我言到此，我退。

【山西靈台公廟】

中華民國壹百壹拾壹年二月十三日

靈台公曰：

大家好大家好啊！我是本殿靈台公，辛苦大家了！我們先辦天事。

橋仔靈臺公有道　仔細用心智慧行
靈山座下待時機　台前笑看人世情
公公正正我佛心　奉公守法正路行
天道有我也有你　承先啟後大道行
運來是我天註定　有道有心樣樣清
道路我走有兄弟　心聲我講佛子聽
靈山靈水佛心引　點玄才越顯真靈
修身修心要願意　選擇你路用心想
時程長短看自己

我言至此，非常感謝大家！聖訓之路不簡單，因為與天共辦不可一般，修身何其難，何況修心，期待再相會。

【正乙玄壇宮】

中華民國壹百零八年七月十四日

玄壇公曰：

大家好！我有接到旨令，只是很多事情不太瞭解，玉帝告訴我跟著做就對了。但是我要先求道，感謝，感謝！我要代其他堂上仙佛求三寶。我才疏學淺，感謝大家！

北竿風光似天堂　竿北竿南人間鄉
橋上一物看不清　仔仔細細終想明
境土淨土在眼前　正心正氣才得見
乙人甲丁走他路　玄關不明輪迴走
壇裡終究看不清　公道人道歸天道
今日我才知天命　明心見性雖不易
天上母親喚兒聲　意思終明我感恩

【正乙玄壇宮】

中華民國壹百壹拾壹年二月十三日

玄壇公曰：

大家好、大家好啊！我是本殿玄壇宮玄壇公啊！我覺得天團最有智慧，就是臨危不亂，平心靜氣啊！真不愧是天團啊！

橋仔境中看熱鬧　仔細來辦擺暝祭
正心正義我本性　乙人甲人我兄弟
玄關未開是凡心　壇公點你明心性
宮中眾神有恩報　領了天命好學習
天上原鄉我將回　命命運運輪迴情
救人救心脫生死　人心佛心回原鄉
心裡平靜享天堂　正義玄壇公有心
要把大道傳出去　等待時機共天團
渡人明心又見性　不再後天苦海遊

處處皆是天堂園

我言至此，再次感謝大家！你們行程很趕，辛苦了！也感謝我們的成員，沒有你們，怎能佑鄉護民啊！

【北極玄天上帝廟】

中華民國壹百零八年七月十四日

玄天上帝曰：

感謝諸位來到此地，我滿心期待，我已接旨誠心共辦。請問是否賜我三寶？感謝！我要代替本殿其他堂上仙佛求三寶，我僅代表本殿仙佛，跟諸位大大感謝！

玄關一點開心門　天恩浩蕩降我心
上奏天庭我順命　帝君攜手共辦事
白陽大戲我參與　今日一場天費心
明日看我報天情　眾仙眾佛論紛紛
這條大路見光明　夜半心境與天應
先天後天同一境　什麼事情擺第一
先天責任今扛起　後天智慧顯你心

今日真是福氣滿滿啊！感謝老中娘，感謝觀世音佛母，感謝眾神佛，感謝天團成員，我先退。

#【北極玄天上帝廟】

中華民國壹百壹拾壹年二月十三日

玄天上帝曰：

大家好，大家好！我是本殿玄天上帝。歡迎大家，感謝特送聖訓至此，真是功德無量！

北極星光應我心　竿鄉竿情有道心
橋仔境內天團迎　仔細迎接我心喜
玄關點明三寶接　天命本我大願心
上帝之堂人人坐　帝心你心大佛心
領命要走功德見　天上人間我共辦
命中有數我造命　大佛我心悲天憫
道路大開我皆行　傳遍人間救人心
玄天上帝神威顯　可惜無法講人聽
救你一時未明心　只能等候好時機

神佛點玄明天命　再來渡海傳道去
我言至此，非常感謝大家！我們再相會。

【林女帥宮】

中華民國壹百壹拾年三月十四日

林女帥曰：

歡迎，歡迎哪！來到此地怎麼可以過門而不入呢？天團的眾佛子們大家好，我是堂上**林女帥**是也。此次訓文將流傳民間，所以意義很重大，我有機會再分享一點想法，是大家給我這個福氣呀！

北方天音傳我心　**竿**竿願願是我願
林中佛光照大地　**女**將豪情走三界
帥氣英姿不輸你　**共**心共佛是天恩
同心同氣一貫成　**努**力救人救佛心
力大福至我福氣　**續**接天命共下願
天恩普降苦人心　**命**中有緣時候至
喜氣洋洋佛光現。

我講到此感謝大家，期待我們的聖訓快快再見，我先退！

【林女帥宮】

中華民國壹百壹拾壹年二月十三日

林女帥曰：

歡迎各位大駕光臨，我是本宮林女帥。

橋兒彎彎腳步穩　仔仔細細道路行
境中有神有佛心　林中引你一條命
女中豪傑有願力　帥氣可比關爺情
明白道理知天命　心中可喜懂道理
見了本性喜相逢　性命是我不滅心
北竿擺暝好時機　渡仙也能渡佛心
隨緣隨心隨人渡　萬中選一理天先
點玄明心是種子　發芽長大須時辰
機緣再至他明理　下凡才有大意義

我言至此，非常感謝大家！我們再相會。

【周元帥】

中華民國壹百壹拾年三月十四日

周元帥曰：

歡迎，歡迎哪！大家好我是堂上周元帥，如剛才珍珍所說我真的有福氣，我可以與土地公先求三寶嗎，感謝感謝！

北極星光暖我心　竿起雲湧我正氣
周氏祖先庇子孫　元氣衝天迎貴賓
帥氣第一建功德　有求有應用佛心
福氣滿滿存善意　氣宇非凡傳天意

我短短講幾句，聊表心意，諸位辛苦了！我先退，知道你們有很多行程，感恩再感恩！

【白石山禪修院】

中華民國壹百零八年七月十二日

白石上人曰：

修道多年能有機緣得此大道，到底是我修道的福報，還是子孫的福慧，帶給祖先的福報呢？我要感謝上天老㊥牽引諸位來到此地！我要求道啊！

白陽四盤我接命　石頭上面蓮花開
上天降此大道恩　人間仙境大道場
順天應命本我任　天堂人間一線隔
應心與天共相辦　命裡我是白陽仙
道長有你應我心　我在天上你在地
天地本是一家親　天人共辦是自然
隨緣隨心順天意　時間到了握時機
此道可比非一般　我見老㊥就今日

引我回到天道路　普渡三曹非獨樂
扛此大任我下願　諸天仙佛相見證
引我共赴無極天　不待此時待何時
感恩老中疼兒心

各位前賢大眾！今日有此機緣無以回報，我願送此一二幾句真言：

志在四方心未明　英雄豪傑是你命
時代變遷似光速　搭上法船莫遲疑
醒你佛心接天命　用你佛心路路開
任何難關關關過　修道修心方為本
你心知曉無窮力　要做就做大事情
金錢名利救苦人　天道大力救苦心
什麼事情擺第一　你要知曉眼要明
攜手共辦利加利　不要辜負上天意

法會現場即時有仙佛聖借竅三才聖乩臨壇沙盤批示聖訓

清水古佛曰：

佛子降凡思故鄉　大道如今普遍傳
只因末世時不多　眾星齊降救佛子
天團領命與天辦　先天責任今日扛
後天生活順你心　你走十步天助你
只因唯有天人共　才有大力普天傳
上天助你百步行　日日心明心越清
兩肩扛起此大任　上天不再憂心你
共乘大翼天堂遊　人間天堂來回去

我言至此，感謝各位，我先退。

【白石山禪修院】

中華民國壹百壹拾壹年二月十三日

白石上人曰：

非常歡迎大家，辛苦做一件一般人做不到的事，撫慰佛子思鄉情啊！

北海仙境故鄉情
白衣佛母領天團
上山下海我心堅
渡人不易用心想
心中罣礙終消散
才來此地造天堂
何須他處覓無踪
獨善其身非我願
今有天團引我路

竿鄉白石迎貴客
石上端坐蓮花心
人心明性脫生死
人心才能轉佛心
白石上人思原鄉
原來天團在眼前
知我來處定方向
只是人性真難救
道理點你一瞬明

理天眾神下凡塵　只因末法時期近
老中憂心急如火　孝子眾仙下願行
點兵點將懂天道　智慧用心有能力
否則大仙真難渡　讓他明心領天命

我言至此，非常感謝大家，希望一切順利平安。

白沙境

【白沙勝境平水尊王廟】

中華民國壹百零八年七月十四日

平水尊王曰：

大家好啊！歡迎，歡迎！我的心裡誠惶誠恐。昨日已接到旨令，說各位將大駕光臨，我在此恭候已久。我知道以後心裡很感動，有這個機會可得此福分。媽祖娘娘告訴我：上天降此大道，點兵點將，這是一場自古以來承先啟後的責任，不是單獨天上或是人間隨性去做，這是祖脈傳燈很嚴肅的事情，所以我才誠惶誠恐。求得大道之前，我心已定。上天賜我這個機會，是責任，是恩德，可否賜我三寶？感謝！可否代為其他堂上仙佛求道？感謝，感謝！

平心靜氣接天命　水中日月兩相應
尊王是你好兄弟　王心一樣是佛心
打幫助道齊相聚　何來福氣就看你
浪來濤去載浮沉　上天慈悲金線降
迎我佛心應天心　涼風徐徐心暖暖
無極理天我自在　收好心情回凡間
扛起責任踏出去　人人皆是老中子
終有歸時待何日　何日不過一點清
任務完成交差去。

非常感謝，我先退。

【白沙勝境平水尊王廟】

中華民國壹百壹拾壹年二月十四日

平水尊王曰：

歡迎大家，歡迎大家！非常高興，終於看到聖訓出來啦！想到過去像作夢一樣。大家好！我是本殿平水尊王。

白天黑夜分秒過　沙浪滾滾不停歇

屯（豚）兒海裡自在遊　境土也是我樂土

平水尊王愛鄉民　水中來去有佛心

尊天敬地守天律　王子公主皆中兒

護你佛心明天心　國家責任肩扛起

佑你懂道最有力　民（明）心才能轉佛心

平水尊王與眾神　歡喜相迎貴客臨

如何救你懂道理　才能離苦脫生死

人生短短做何事　當然救心救到底

道心堅強我佛心　佛子懂道樂無比。

感謝大家，我言至此啊！希望再相會，我非常高與你們喜歡這裡啊！謝謝，謝謝！

【天仙府血將軍廟】

中華民國壹百壹拾年三月十四日

血將軍曰：

大家好！我是本殿天仙府血將軍是也，感謝大家，有這福氣，感謝天恩，感謝天團，我恭候多時啊！可否先求三寶，一併代堂上其他眾神佛求三寶，感謝感謝感謝。

北風呼呼傳中音　竿韌不斷是我心
天音敲我心蕩蕩　仙身仙心從何來
府中降下天道恩　血氣肉身佛心顯
將軍人間征戰情　軍心佛心本一心
今日明心謝天恩　日新月新我明心
明心見性是觀音　天恩難報我努力
意氣風發報中情

感謝大家，我言至此，一定與眾仙佛及天團努力再努力！

【天仙府血將軍廟】

中華民國壹百壹拾壹年二月十四日

血將軍曰：

大家好，大家好！我是本殿血將軍，歡迎大家，不辭辛苦，遠到而來。

白衣天使有道心　沙鄉有道是佛鄉
境中有道天堂現　天堂美境慰我心
仙佛下凡渡中兒　府中大佛堂中坐
血紅惡念有佛心　將軍懂道明心性
軍途生涯我憶起　承接責任我努力
天兵天將共同行　命運安排我順命
將軍驍勇又善戰　那是當時歷史境
因緣聚會此地留　上天慈悲來告知
贊助此地有鄉民　將來接道傳大道

好好學習能明心　才能道理說得清

再次感謝大家，再次感謝！我先退。

坂里境

【天后宮】

中華民國壹百零八年七月十四日

長樂聖母曰：

大家好！不好意思，還沒有求道。所以可以賜我三寶嗎？感謝！

我要代本殿其他仙佛求道，感謝大家！

長長久久續天命　樂善好施是我心
天上人間我來去　上山下海我佑民
聖賢自古尋大道　母娘特降迎你心
放下無明求真理　轉你人心回佛心

人人皆有媽祖心
你非媽祖關爺身
今日知道此真義
責任扛起兩肩輕
因為最苦尋無根
心裡踏實步步輕
我言到此，感謝大家。

處處皆是關爺義
本是一樣大佛心
細細思量明你心
不扛才是兩擔斤
知道故鄉等你去
走來皆是天堂心

【天后宮】

中華民國壹百壹拾壹年二月十四日

媽祖娘娘曰：

大家好，我是本殿媽祖娘娘。大家辛苦了！歡迎來到此，這本書真的是金光閃閃！

坂里媽祖真歡喜　里中鄉民有誠心
天上母親愛佛子　后心思念我母親
宮中神尊作伙走　媽祖軍團來打拼
祖上有德來接寶　娘娘牽成點你明
娘心子心明天心　傳乎你知有智慧
天上道理要學習　道理明白有大力
救人救心咱攏知　人心用心才會明
心魔翻轉智慧現　坂里媽祖眾神牽
熱鬧嘛要功德作　後天先天攏重要

後天顧好鄉民愛　先天做好愛自己
氣天神尊認真學　明白理天我本心
南北奔走傳人聽　道理明白路好走
我說到此，感謝大家，感謝大家！咱期待再相會喔！

【中澳境白馬尊王廟】

中華民國壹百零八年七月十四日

白馬尊王曰：

大家好！我先感謝大家來到此廟。其次我要恭喜二位，這場大戲你們是主角，我們是配角。你們不走，我們走不了，我講的簡單明白。我已求過三寶！想代表本殿其他仙佛求三寶，感謝，感謝！

白日明月是我心　馬上奔騰傳天命
尊天敬地四方去　王道佛道皆我道
引領眾神像觀音　天恩浩蕩助我力
命裡乾坤待分曉　放下我執用智慧
老中降道惠佛子　只因母親念兒心
兄弟姐妹兩相應　同報中恩續天命
這條大路寬寬去　眼前障礙是無形
心裡放下不見去　用你佛心了天意

大石小石化無形　你若真的悟道義
任何問題皆給力　有東有西皆兩面
陰陽本是一樣情　萬物和諧是自然
你心平靜生大力　用你大力救人去
莫要蹉跎費時機　無形財富追著你
推你向前馬不停　人生難得幾時有
言到此，非常感謝大家！吾先退！

【中澳境白馬尊王廟】

中華民國壹百壹拾壹年二月十四日

白馬尊王曰：

大家好，我是本殿白馬尊王是也，歡迎大家，辛苦了！

北海浪濤襲我心　竿鄉憶我原鄉情
坂里駐守護鄉民　里前里後熱鬧行
境中鄉民有佛心　白天黑夜做不停
馬蹄聲聲引佛子　尊循天道功德立
王爺大願能了盡　順心順情智慧行
天意民意人間情　應命本是我誓願
命裡終有天團臨　天心我知中娘心
道心返我工作去　心中大願我終行
白馬尊王齊商議　天團領命來點明
四鄉五島共一體　佛心佛國顯天意

將來兩岸人心渡　眾多佛子待我救

理天仙佛各東西　一一渡盡責任了

我言至此，再次感謝大家！

【玉皇府哪吒三太子廟】

中華民國壹百零八年七月十四日

哪吒三太子曰：

北極星燈應我心　竿裡乾坤說分明
板凳坐穩聽我訴　里千萬里一條路
境土原鄉是我鄉　玉帝同我是兄弟
皇親國戚一家人　府有喜事眾仙慶
哪吒明白大道理　吒聽不明今終明
三心二意是過去　太極我心是天理
子丑寅卯有時序　謝天大恩引我明
天上人間共齊聚　恩情我報我努力

救人！救人！我也救人喔。我知道我今天是來拿寶貝的啊！媽祖娘娘說要先辦正事，才能吃糖。祂們說我要謝謝你們，在場分享大家糖果。祂們說我要做不一樣的事，叫我跟著媽祖娘娘一起做，因為我也不知道為什麼？好多好多，好亮好亮，好高好高的仙佛！到我們這邊，好小好小的廟來。在裏面只有一些，外面還有更多，好熱鬧！比我們平常還熱鬧。好！我跟觀音佛母去上課，我看到好多關老爺，祂們叫我乖乖聽話，去上課就對了，我先退了。

【玉皇府哪吒三太子廟】

中華民國壹百壹拾壹年二月十四日

哪吒三太子曰：

觀音佛母說要讀書，我吃完糖果再說，您們送我的，謝謝您們。

大家好，大家好，昨天好熱鬧喔！我睡的很晚，但是等你們很久了。我去到好漂亮的地方，那裡我看到比我還要厲害的李哪吒，祂叫我跟祂一起玩，我好高興！好多李哪吒，我們一起玩，一起玩，一起玩，一起玩，玩到忘了回家，我要講故事啦！

北竿是我人間鄉　竿指竿心點玄關
坂里真是好地方　里中鄉民好心腸
李樹桃花天堂園　哪吒快樂似神仙
吒心佛心我最神　三三兩兩齊渡人
太極八卦我不愛　子子孫孫道心明
想念母親我堅強　老中想我引天團

母愛我懂我努力

唉！我想媽媽，怎麼沒有人拿糖菓給我吃？我看到糖菓我就開心了，謝謝喔！好好吃這個糖，不一樣，酸酸甜甜喔！我用牙齒咬，我本來都只能用聞，酸酸甜甜的，我會記得今天。剛才講到那裡？

老中有來，祂叫我先講完。

哪吒有道真聰明　走遍各地見兄弟
告知天道有三寶　讓你到處去講道
世人不明心真苦　以為人間是故鄉
生老病死走輪迴　不知何日脫生死
點你玄關明心性　好好學習能有力
做完工作吃糖去

我講完了，你們要再來，我就有很好吃糖菓可以吃。我剛才講完了，那我要先退了，謝謝，謝謝大家，謝謝要再來喔！當然要想我，我也很想你們，我現在真的很厲害真的喔！我先退。

午沙境

【五福天仙府】

中華民國壹百零八年七月十四日

五福天仙曰：

我們真是榮幸！本殿能有機會在此接到此重責大任，我們滿心歡喜。眾神佛見證，我們可得三寶嗎？感謝！我將代表本殿其他仙佛求三寶。感謝，感謝！

五福神佛真歡喜　福慧雙至等何時
天命銜接我福氣　仙府本是你我居
遠走他鄉已多時　今日見到老母親

中說兒呀快回頭
莫要等閒是知乎
你心與天共相應
吃虧即是大福氣
因為是佛非一般
你將快樂似神仙
最終還是見分明
腳步踏堅方向明
我不多言，感謝各位。

回頭是岸金不換
一步一印天看清
你是佛來我助你
用你天眼看事情
做事做人用佛心
浪來浪去飄飄樂
清算功過明日起
上天回報平你心

【五福天仙府】

中華民國壹百壹拾壹年二月十四日

五福天仙曰：

大家好！我是本殿五福天仙，歡迎大家，一路辛苦了！

北竿處處佛燈亮　竿竹成林觀音坐
塘岐鄉民善心行　岐山岐地皆我境
午夜十分思想起　沙石也會蓮花現
五福臨門我福氣　福慧雙修前世功
天上人間本一家　仙府處處人間現
府上貴客喜相聚　明心見性我福氣
心燈點亮有大力　性命有道有意義
救人救心共享福　兄弟姐妹同登天
五福天仙同眾神　天命我懂升理天
理天故鄉走一遍　遍地黃金真天堂

回到人間後天顧　再把先天道心救
期待時機把道顯　苦心人兒福氣現
我言至此，非常感謝大家，希望有緣再相會。

大坵境

【白馬尊王廟】

中華民國壹百壹拾年三月十四日

白馬尊王曰：

大家好啊！我是白馬尊王廟大坵白馬大王是也，首先感謝大家，我生性嚴肅，內心還是澎湃。剛才你們討論的問題，白馬尊王廟的白馬大王，就是白馬尊王。所以本殿大坵白馬大王已求過寶，所以由我來代表，一併為堂上眾仙佛求三寶。感謝，感謝！

大坵島上好風光　坵土佛光金閃閃
白馬尊王率眾仙　馬到成功我預見

尊師重道效先賢　王心佛心智慧心
大大小小共一體　道路長遠我樂行
行功立德我福氣　樂在其中心歡喜

非常感謝各位，希望今日不是唯一的一次，歡迎有機會再共襄盛舉，感恩我先退！

高登島

【大王廟】

中華民國壹百壹拾年三月十三日

高登島大王曰：

感謝再感謝！我是高登島大王是也。很抱歉，沒有能夠邀請大家來我們高登小島，其實我們那是坐船，坐飛機？我們是飛來飛去，今日是來求三寶，感謝天上老中，期待很久，我可以先求三寶嗎？感謝感謝！

高高在上稱大王　登高才知我佛子
大小神佛皆兄弟　王子之心歸佛心

細細思量如何行　思思念念報中情
量我心意用我心　如同天團用道心
何去何從不遲疑　共心共力上天助
辦事要用佛心想　天心才能通你心
事情完成共歡喜

真不簡單啊！再次感謝，我定全力打幫助道啊！我先退！

亮島

【大王廟】

中華民國壹百壹拾年三月十三日

亮島大王曰：

大家好！我是亮島大王，我先求三寶，感謝，感謝！

亮心亮性讓你明　島前島後傳天意
大小佛子心歡喜　王心終要歸佛心
下凡亮島做大廳　凡間佛子不明心
渡人佛心才是真　人人自有智慧行
心裡有佛不自知　明心見性才知道

天是父母你是子
命中自有上天意

我講完了，再次感謝大家，希望此行，一切順利，福氣滿滿啊！

東引鄉

【天后宮】

中華民國壹百零九年七月二十五日

天后宮媽祖曰：

大家好！感謝你們來到此，讓我們有這個機會作大事，天上聖母本尊也在此，祂帶很多媽祖來此跟我們恭喜，我沒想到今天這一天會那麼快到來。我先求天道，感謝，感謝！我代堂上其他仙佛求天道，感謝，感謝！

天道使命放心內　後天先天攏是命
我心似海明如鏡　天道使命來扛起
要讓人心明道理　人間冷暖非你鄉
人間天命共同辦　腳步要快天時緊
兄弟姊妹手牽手　將來回去咱故鄉
人間地獄無分別　明白天道是天堂
處處是道若不明　浪費時間真可惜

該作媽祖顯媽祖
用你智慧共一心

該作關公是關公
變化萬千是生機

我說到此，感謝大家！

【天后宮】

中華民國壹百壹拾壹年二月九日

天上聖母曰：

足歡喜！足歡喜呀！大家來到此，阮才有機會跟大家結緣。最重要的是，別人做不到的代誌，您們卡打拼來做，咱在天上也要學您們這種打拼的心情，打拼的行動啊！

東起西落是日陽　引你走回你正道
天上故鄉才是厝　后天皇土修你心
宮中生活心不開　向人講道最快活
天上星斗下凡來　團圓今日樂開懷
共同討論按怎走　辦了天事了我愿
道傳苦海便天堂

我說到此，真正真感動，您們坐船來到這，辛苦了。感謝！感謝！

【白王爺廟】

中華民國壹百零九年七月二十五日

白府武狀元曰：

歡迎各位大駕光臨啊！方才大家在討論狀元，吾乃白府武狀元哪，恭候多時，心裡非常高興，非常感動！不知要先感謝誰，先感謝上天老中讓我們有機會共辦天事。此天非一般天，我還是先求天道三寶，感謝感謝！

清清白白是我心　王公貴族非我命
廟裡乾坤仔細瞧　有道才是天堂樂
老中降道喚我心　紅塵俗世短暫情
接續天命是我願　人間共辦是我責
上天道理人人懂　只是兩拋裝不見
用你心意作天事　在大道理日見明
隨你心意步步行　用你智慧傳中命

天道雖為人間傳　可非人間一般道
古聖先賢皆寂寞　因為天道非一般
時間緊迫不求明　只求渡回原子靈
回天再來說分明。

我可否代堂上眾仙佛求天道，感謝感謝！諸位辛苦了。我先退！

【白王爺廟】

中華民國壹百壹拾壹年二月九日

白狀元曰：

大家好啊。歡迎！歡迎！歡迎！

東西南北好漢聚　引來各方好佛心
白陽有道我參與　狀（壯）志雄心傳天命
元神何在山根坐　與天共辦我心明
天亮夜明應我心　共心共力才有力
辦公辦私先後天　智慧漸開磨你性
慧中秀外本天性　行走大道我福氣
人性天性都是你　修行修心才是真
心中罣礙引你心　要知本性難自顯
放下易講難自行　心中有愛是唯一

我言到此，非常感謝大家。再次感謝，希望有緣再聚。

【關帝廟】

中華民國壹百零九年七月二十五日

觀音菩薩曰：

大家好！吾乃本殿觀音菩薩，方才本殿關爺已與大家結緣，所以請我與大家說兩句，可否先求天道，感謝，感謝！我代大家跟天團感謝。

關關難過關關過　聖券在握是何意
帝王之家是原鄉　君臣不分你我他
共辦天事才是真　辦事到底為何物
天上老中苦等候　事有先後想明白
誰重誰輕細思量　普救人心最大功
金錢名利雲煙過　救人救心是大樂
將來回鄉見觀音

我言至此，非常感謝大家，大家辛苦了！

【關帝廟】

中華民國壹百壹拾壹年二月九日

關聖帝君曰：

大家好！大家好啊！非常歡迎。我僅代表本殿所有神佛，歡迎大家，感謝大家。

東南飛去孔雀行　引雁北飛傳道去
關聖帝君共聖舉　帝心也是觀音心
廟中神佛有福氣　行功立德蔭祖行
眾心一氣衝天際　神佛與你共辦情
佛心良心助你靜　共心共力才能行
同窗同門師兄弟　努力先天後天行
力中有道顯神蹟

我言到此，今天辛苦了。加油再加油！

【安寧廟】

中華民國壹百零九年七月二十五日

關聖帝君曰：

大家好啊！不知上天怎麼安排的呀！今日這麼多，這麼多神佛到我們這個沒什麼人煙的地方，中天玉帝說：上天老中慈悲，天降甘霖護慰人心。中天玉帝說：我要先求天道。感謝，感謝！感謝各位！

安身立命護島民　寧靜我心感天意
關爺媽祖齊努力　公私分明兩樣情
先天是我世世傳　後天是我在世責
接續天命知原由　久候多時等今朝
先天之情共努力　等待時機再來時
懂道才有大力氣

不好意思，我今日知曉上天之意，還有我原本之責，我可否代堂上仙佛求大道。感恩再感恩！希望有緣再見！

【安寧廟】

中華民國壹百壹拾壹年二月九日

關聖帝君曰：

大家好！大家好！

東南西北走一回　引我到此待明心
安心靜心心才明　寧靜致遠是原鄉
廟中大佛接三寶　知書達理學懂道
道理要學明師點　懂得才能智慧顯
道心也能救人心　行道不難有天團
道路走來兩袖清　共辦本是天註定
辦道才是真王道　道亦有道非常道
樂於救人是真福　無與倫比是真理
比上比下中道行

今天講了非常多的道啊！因為道是唯一！道是第一！非常感謝各

位，全東引有你們，真是佛光閃亮亮啊！謝謝，謝謝！

【張將軍廟】

華民國壹百零九年七月二十五日

張將軍曰：

大家好啊！吾乃本殿張將軍是也，感謝諸位不辭辛勞，這一等，等的太值得了。我奉命駐在此就等這一天，為何等這一天哪？求得天道再來說分明。麻煩你了，感謝！

東方金光乍出現　引來天團傳天命
張燈結綵不如今　將軍本是一武漢
軍裡乾坤看不少　好山好水好人氣
都是短短瞬間過　唯有大任來扛起
才是上天最大恩　人間大事化小事
天上小事大事作　因為悠關你永生
千萬莫要等閒視　眼前天堂心眼看
我在天堂心在漢　兄弟姐妹苦海遊

等待天團來點醒　　點醒人心知來處
走對方向惜光陰　　何道是你本命道
助人救心是你道

今天非常高興，更要感謝上天給我們這麼好的天氣，早上天氣辛苦大家啦！求天求地大家都在求，辛苦我們天團成員，感謝再感謝！我先退！

【張將軍廟】

中華民國壹百壹拾壹年二月九日

張將軍曰：

大家好！大家好！沒有什麼好送大家的，就這一片秀麗風光搭配天團，真好啊！

東海浪濤敲我心　引我思鄉故人情
張氏家族上天引　將軍天道還本性
軍法人法智慧用　天堂人間共一體
命裡乾坤誰知曉　接引原靈天人合
了我下凡大願力　大江東去浪濤盡
願天明我真心意　堅定你心天助你
若似無形卻給力　盤石處處佛光顯
石中劍呀唯你心

我言至此，非常感謝大家。老頭啊！沒有什麼吸引力，美美的風光願大家再一次光臨。

【璇璣廟】

中華民國壹百零九年七月二十五日

朱大姐曰：

大家好，吾乃本殿朱大姐，大家辛苦了，我也久候多時喔！很期待你們來到此地，早上真的有點辛苦，感謝上天現在天氣放晴了，希望大家不會這麼疲憊了。我要先求天道，感恩！

求得天道霧盡散　眼前世界非一般
原來我自理天來　今日求道知天命
此道何道唯心知　旁門走道非可議
長生不老在眼前　天上人間是第一
如獲至寶猶如夢　難怪今日滿室光
我想何因種佛道　天人共辦我有責
順天應命我立願　不負老中大恩德
原來你我本同根　各奔東西了因果

護佑子民本一般　望能共辦作大事

我明白了，非常感謝有這個機會，感謝！感謝希望有緣再見！

【璇璣廟】

中華民國壹百壹拾壹年二月九日

朱大姐曰：

歡迎！歡迎！歡迎大家！今天辛苦了。跟大家拜個晚年，祝福大家身體健康心想事成。

東尋西覓求財神　引渡佛子才是真
璇璣廟中眾仙渡　璣串人人頸中掛
廟中佛燈閃璣珠　朱氏祖先共享福
大道之路我定行　姐姐妹妹牽手去
真心誠意渡人心　歡歡喜喜悟人心
喜上加喜兩顧全　傳遞天道要說明
道理非與一般樣　與人為伍用真心
人人歡喜謝你情　聽聞天音心歡喜

我言至此，非常感謝大家，一定要再相會。

【湖山堂泰山府】

中華民國壹百零九年七月二十五日

蕭大王曰：

大家好啊！你們辛苦了，我謹代表湖山堂泰山府眾神佛，還有蕭大王廟眾神佛感謝各位啊！大家辛苦來到此，我不會耽誤太久，我可否先求天道？感恩，感恩，感恩！

蕭聲悠悠催我心大道之路帶我行
王道人間普遍傳拯救佛子明天意
天上人間本一家如今分別兩樣情
老中特請天團渡渡盡苦海佛子心
轟轟雷聲是天命敲我心靈趕緊行
天降甘霖是何意老中思兒淚滿襟
疼惜天團不畏苦心裡有感明中意
漸走漸行漸明白前方道路漸光明

天上人間皆你鄉　明白道理心歡喜

外面這個雨看起來不會停啊！辛苦大家了，我先退！

【湖山堂泰山府】

中華民國壹百壹拾壹年二月九日

蕭大王曰：

大家好，新年好，新年好！大家辛辛苦苦來到此地，辛苦了。俗話說：清官難斷家務事，珍珍剛才跟我說：蕭大王啊！請你幫幫他們消消氣吧！我想能夠有毅力走到此地，都是有智慧的。你們做的事，大概除了諸位，很難有其他的人了。所謂前無古人，後無來者啊！

東陽升起應我心　引來貴客我心喜
泰山有道有靈氣　山根玄關點了明
蕭聲陣陣催我心　大佛心中想不停
王公貴族是過去　承先啟後才第一
天下為公君王心　命運安排順你心
傳遞大道是大愛　道路我走心開懷
行功立德我福氣

再次感謝大家！可惜你們行程可能有點趕，否則撥個時間求個籤，很有意思啊！期待再相會，吾退。

【開閩尊王忠義廟】

中華民國壹百零九年七月二十五日

開閩尊王曰：

大家好！辛苦你們了，這種天氣還來這裡，真是感動啊！我不要打擾大家太久，我知道我要接任務，可否求天道，非常感謝！可否立即為堂上其他兄弟眾仙眾佛求天道共辦，感恩，感恩感恩！

忠肝義膽是我心　**義**氣風發是過去
廟裡乾坤為共辦　**開**彊闢土救其心
閩（明）心見性不二法　**尊**師重道學道理
王船共渡一條心　駛向明天理天行

我不打擾大家太久，感恩，感恩，我先退！

【開閩尊王忠義廟】

中華民國壹百壹拾壹年二月九日

開閩尊王曰：

大家好！大家好啊！今天真是大好日。感謝各位，也感謝我們天團來此共襄盛舉，我先把大事辦了。

東方明珠應天心　引你明心在東引
開疆拓土流浪去　閩南我鄉遷東引
尊王世世有道心　王心佛心本一體
護鄉佑民後天責　鄉親也是我兄弟
佑民行事用腦筋　民心才會走向你
救人有愛有大力　人身大佛心中坐
心知良心才是真

今日我言至此，其他我方才聽到有人要問事情？我先說明：我講我可以講的，你信你可以信的。請說啊：

（主委請示說：大王跟夫人因為年代久遠不可考，想知曉一下我們大王跟夫人究竟來至何處？萬一來日有其他想法，我們可以有追尋。請開示！）

其實方才訓中有說明：

三才職責明你心　　非是問事講你明

聽我口音知方向

還是不能說啊！方才的訓中有暗示。重要的是諸位兄弟姊妹來到這個人世間，做什麼啊？我和夫人難得有機會與大家開口結緣，所以我發願不只是護佑鄉民，希望有朝一日能讓大家明心見性。

明你心性開智慧　　你有神通事事清

有形後天雲煙過　　無形先天才是真

這一些道理，三天三夜都說不完啊！今日既然有緣來此相會，一定要請我們天團的成員說給你們聽。我言至此，希望下次有緣再相會。

【白馬尊王廟】

中華民國壹百零九年七月二十五日

白馬尊王曰：

歡迎大家，歡迎大家，我恭候多時感謝，感謝！今日此處蓬蔽生輝，可否先求天道？感謝感謝！可否代堂上其他神佛求天道？感謝感謝！

東方曙光顯天機　引我求得大道行
白天黑夜馬不停　馬到成功覆天命
尊師重道是根本　王道藏在你我心
承先啟後是大任　我今有幸能共辦
不負天命努力行　東西南北上天排
我謹遵命虛心求　明白天道是何物
就有大力人天辦

我言至此，非常感謝大家！

【白馬尊王廟】

中華民國壹百壹拾壹年二月九日

白馬尊王曰：

大家好，大家好啊！貴客光臨，有失遠迎啊！

東引白馬尊王喜　引來眾神齊相聚
白天黑夜為道行　馬上馬下跑不停
尊天重道佛子心　王中自有十字經
與人相處重和氣　天上人間智慧行
團團圓圓不容易　共心共力引天聽
辦好天事我最行

天團這麼厲害，我與天團共辦當然我最行。哈！哈！哈！哈！哈！我就是不一樣，說笑了。感謝大家，感謝大家！

莒光鄉

東莒

【福正境天上聖母廟】

中華民國壹百零九年七月二十七日

天上聖母曰：

大家好！不好意思，真正是足歡喜呀！我是咱本殿媽祖，我要先感謝什麼人，先感謝媽祖本尊帶大家來，感謝咱天團給我們一個機會了解，了解自己的責任，你們來之前咱媽祖本尊已經帶很多仙佛來到這裡跟我解釋，我先要求天道，感謝！我可以代本殿仙佛其他兄弟姐妹求天道，求完道，看到不同、不同，看到的世界不同！

福氣金光滿滿室　　正氣佛心貫全身

天恩似海我快修
上天老中我不孝
現在知道真道理
理天氣天都是天
天命既然差很多
原來救人要救心
還你佛子真本性
腳步要快是功德
了解真理救己先
頓悟什麼都知道
因為你本大佛子
慧根本性藏裡面
用你智慧勤緊修
藍天碧海是我鄉
天堂人間一樣走

感謝，感謝再感謝！今日咱這佛光滿滿金閃閃，感恩！我先退。

【福正境天上聖母廟】

中華民國壹百壹拾壹年二月十日

天上聖母曰：

大家好，歡迎大家再次光臨這裡！還送來這麼好的書，真正是感動。今日有很多媽祖做伙在這裡，祂們說：祂們的名字，都還沒有在書本裡、所以咱馬祖足有福氣，足有福氣啊！

福氣滿滿是我心　正義本是咱本性
天上人間走透透　上天才會佛子降
聖母也是觀音心　母親愛子是天性
不要煩惱靜你心　煩惱是你業障來
憂愁不能事情做　大路才是你道路
路中攏是一家親　行動要快渡人心

我說到此，幾句話短短，不過我很用心。感謝！感謝！

【白馬尊王廟】

中華民國壹百零九年七月二十七日

白馬尊王曰：

好感動啊！沒有漏了我。感謝我們主委把天團引來此，大家好！我是本殿白馬尊王，今天早上很重要，我早已求過三寶，但是我答應諸神佛兄弟姐妹，既要共辦，當然先求才有力，可否代堂上神佛求三寶，感恩感謝大家！天色已暗，我言幾句就好。

白馬尊王佑子民　馬上馬下不停蹄
尊天尊地謝天恩　王道猶如北極星
引我明路大道行　明心見性是天命
天命何物洩天機　天是父母護你心
你是兒女代天行　道理說給大家聽
喚醒塵心佛子靈

打擾大家太久，我言至此，期待再相會！

【白馬尊王廟】

中華民國壹百壹拾壹年二月十日

白馬尊王曰：

大家好，感謝大家，辛苦了！真是好書一本。如果世間人能夠明白一篇的道理，就悟了。

大佛大仙人間渡　浦心浦地在東莒
白馬黑馬大道行　馬身也如佛子身
尊天敬地是神駒　王心神駒天堂行
有情有意是兄弟　道理我懂做不同
請求上天明我性　棄我秉性還天性
秉性難棄要有心　性情中人有毅力
還你清白佛子心　本來就是天上來
心中有願終達到

我言至此，非常感謝大家，期待再相會。

【熾坪境福德宮】

中華民國壹百零九年七月二十七日

福德正神曰：

大家好！不好意思，讓大家這麼辛苦，我們今日堂上很多神佛都很高興早就恭候多時啊！我們聽說要求一個三寶，它是一個機會，也是一個責任，也是一個因緣。不管是什麼，我知道如果我不是福分很大，大概很難得到。我可以先求這個三寶，這個天道嗎？感謝，感謝！我可不可以代堂上其他眾仙佛求三寶，謝謝，謝謝！

福德宮裡證福德　德性如何顧兩全
正心正義佑子民　神通廣大報天恩
責任你我有一份　任重道遠同船渡
扛起大任大道行　任我遨遊天堂現
福氣人人有不同　日日皆是好時日

只要懂得此大道，快樂無比，中大獎喔，是不是呀！看哪聽到大獎，大家都好快樂，沒有中不要怪我。有中沒中，都是大家的命，好！我的感謝不知怎麼表達，我只知道我中大獎了，感恩，感恩，感恩！我先退呀！

【熾坪境福德宮】

中華民國壹百壹拾壹年二月十日

福德正神曰：

大家好，新年快樂！我們終於又見面了。看到我們這裡金光閃閃啊！有形看這裡，無形看那裡。你們看不到的，在無形界這個聖訓的光，比這裡的金光，還要金了好幾倍，我說的是真的啊！

後天有形才要轉　先天無形更要顧
後天助你脫生死　才有真正先天財

有沒有聽過，那個人財富很多，但明明很窮。因為有人看到他的無形財很多，道理就在此啊！

東轉西轉世世轉　莒光今世是我鄉
福氣我有見天團　德慧雙全有三寶
正氣凜然你本有　神仙你渡功德建
賜你錢財樂開懷　你心明白要做事

財富剛好是第一　富貴名利中庸看
助你明心才我功　明你心性了大愿
心中有道是第一　先天佛子才明心
天上我家思想起　憶我當時悠遊行

我言到此，看到大家那麼認真，我好感動啊！（主委問：兩旁的神尊因位階不同，是否要調整？）

先天後天兩樣情　先天力求功德建
後天喜看子民求　位階本是後天事
功德才是先天願　你問此事後天論
只要歡喜事事對

因為誰在看？誰在意？也就是來這裡參拜的信徒啊！真正的先天，大家大概在意的，是我度了一個先天的佛子，功德不知道多了多少倍啊！其實最重要的是：一個人如果明白了，他來到人世間是可以改變，可以翻轉一個人的命運。本來很在意，變得不在意；本來放不下，變得看得開；你把他的心救了，業力不再隨他到下一世。這樣的功德，有多大啊！這就是我們要做的工作。你們說是嗎？我這樣回答可以吧！

只要人人高興做　　圓融才是真財富

掌舵之人拿捏好　　一聲號令事事平

你沒有問題的，還有什麼問題嗎？非常感謝大家再次光臨，我們一定要再見啊！

【玄天上帝】

中華民國壹百零九年七月二十七日

玄天上帝曰：

大家好，恭候多時啊！今日我真的非常非常高興，高興到比中獎還高興啊！中獎不一定這麼的高興，除非你中了大獎全部捐出去啊！不然煩惱喔，可否先讓我中獎啊？感謝，感謝！感謝各位，在此地是不是很舒服啊！天堂比此時此刻還舒適啊！因為天堂沒有這個臭皮囊綁著大家，你會覺得好像作夢一般，無憂無慮，無牽無掛，想不想念那種感覺？很想要，真的想？如果真的想，就要真的作。真的沒有比了願更高興的事，因為了願也能了因果，有人這麼告訴大家嗎？仔細想想啊！

了願是你大佛心　　佛心本是渡人情
因果業力隨你行　　渡化眾生因果盡
上天助你明天意　　本靈與你相輝映

作了先天後天應　唯有今日告你知
這是天律不可違　莫要怨天謙卑行
你是佛子愛兄弟　姊妹攜手講人聽
你心清清煩惱盡　此種愉悅心裡明
所以渡人先渡己　且走且看與佛行
天團世間走千里　就是佛心大修行

所以什麼叫修行，懂了嗎？說著滿口仁義道德，不如像大家現在作的事情，只是我們真的是很感激，因為沒有你們，不知道上天在做什麼，擔心什麼。

天團天人來共辦　才能將理說分明
與天相應你本行　等待本心日漸明
智慧隨你處處行

【玄天上帝】

中華民國壹百壹拾壹年二月十日

玄天上帝曰：

大家好！新年好！可否把我們的聖訓拿來瞧瞧？趁著有三才，握在手上，多好啊！真是不簡單啊！以前只有古聖先賢著書，我們這些武將哪有可能。好像現代的人，拿了學位呀。真的啊！你們大概不明白。

人間功德天上顯　救人救心不同階
為何眾神論紛紛　留名漏一沒福氣
我們學習天團行　以報中恩渡人心
東莒岸邊風光看　莒光日日閒閒度
玄關一點眼界開　天光照耀明我心
上天遣團來講道　帝王也曾平民過
功德業力隨你行　德行愛人渡人真

立身立命起而行　法船渡人握時機
船行掌舵是第一　渡人才能好成績
我言至此，非常感謝大家，我們下次再會。

【老頭大王廟】

中華民國壹百零九年七月二十七日

老頭大王曰：

大家好，大家好！我是本殿老頭大王廟裡面老頭啊！大家辛苦了，不要耽擱大家太久，我知道我有福氣做大事，有年紀了，聽眾仙佛簡單告知，我知道機不可失，我要領命啊！感謝，感謝。今日此地，有另一位我們的護衛祖也在此，祂說祂也是老頭，我知道祂很愛開玩笑，我聽祂講完，什麼都懂了。

老神在在藏眉心　頭頭是道講你聽
大佛在你眉間坐　王者是道放第一
廟小有神就有靈　心裡滿滿感天恩
歡慶今日會天團　喜在心中不言語

感恩各位，感恩眾神佛，感恩護衛老祖師，我先退呀！

吾乃白陽四盤明盤護衛老祖師，大家辛苦了，大家好，這些算我的子弟兵，帶領他們，青出於藍勝於藍。

祖脈傳燈是天道　代代相傳無斷絕
老中使命一肩挑　無敵是我大神力
旁門左道兩邊站　我本佛子大道行
五教聖人皆兄弟　用你佛心樣樣行
事事變遷疾如風　莫要守規阻礙行
何謂天律用心想　合情合理合天意
合你佛心迎你行

我以前身體不好，早就想跟他們一起出來，沒辦法。現在跟著大家自由行，很快樂！雖然你們沒有看過我，我心裡很高興，因為要走這條路不簡單，要找到這條路更困難。找到了必有原因，不是因為你下願，就是你有大福氣喔！我不打擾大家太久，我先退，文麗再跟弟子們說老師很想大家！

【老頭大王廟】

中華民國壹百壹拾壹年二月十日

老頭大王曰：

歡迎大家不辭辛苦遠道而來，真的不簡單哪！我們何其幸運，能夠名列馬祖聖訓，這是能夠千古流傳於後世啊！真的是感恩萬分。

東海潮水洗我心　莒光照耀故鄉園
老師教我知天命　頭頭是道說人聽
大佛大心天團子　王子公主齊相聚
廟大廟小有道心　心裡佛坐終開明
有功有過人間情　道心私心用智行
心中有愛就有道　萬千煩惱都抛去
事有因果你心明　行走放下步步輕

我言至此，我們有貴客光臨，讓我們等候老祖師與大家結緣幾句。

明盤護衛老祖師曰：

大家好，好久不見啊！清安不要緊張，讓我一個一個看過。這個是新也不算新朋友，也算新朋友的有幾位。辛苦，辛苦！感謝我們馬祖天團，哇！比以前都要美麗，都要英俊。我們以前都是一些老頭子啊！開開玩笑，非常想念大家。林董您好，足歡喜看到你。我說錯了，林董是這邊，郭董是那邊。抱歉哦！老了都已經死了，你的朋友也在這，好朋友喔！你們來辦道，有緣的過去的朋友，會一起來共襄盛舉。祂們願意，因為有求過天道，所以在另外一個世界打幫助道喔！我也來一段聖訓，留傳於千古。想想我跟陳教授都是來寫書的啊！除了祖脈傳燈，就是要教育佛子知道自己從哪裡來的？不要忘了當時的愿望，做了就知道，不做不知道。

了脫生死　莫再浪流
紅塵滾滾　非你家園
四方圓融　渡人頑心
先天智慧　後天人渡

日出日落　生生死死
陰陽輪轉　平衡有力
中庸之道　貴在心悟
人心平衡　才能走遠
我報中恩　疼愛我心
不要糟蹋　短短光陰
風平浪靜　莫要輕心
浪裡翻滾　心要寧靜
事事陰陽　智慧大顯
萬事有愛　萬事亨通

雖然沒有藏頭詩，至少也有四言絕句。老祖師怎可漏氣呢！非常感謝大家，非常感謝！好好欣賞我們東莒的好風光，真的是人間仙境。仙境也要有公主王子來觀賞啊！祝福大家！祝福大家！我先退。

【田將軍廟】

中華民國壹百零九年七月二十七日

田將軍曰：

大家好！我是本殿田將軍。我可否代本殿眾神明求天道，感謝、感謝！

福正正福天註定　正心心正你本性
田字中心一點明　將心心將天理去
軍中一車有天護　共心共力大無比
辦道辦事我盡力　天要教你眼前明
事清事明天道行　樂此不疲我最行

感謝上天慈悲，我先退！

【保安宮王大姐】

中華民國壹百零九年七月二十七日

保安宮王大姐曰：

大家好！我是本殿王大姐，本來不知各位前來為何事，我現在知道了，但我還不太明白，眾仙佛跟我說要引我求天道，辦大事。自知我執很重不知道有沒有能力啊！說要由你傳授天道，天是我的父母，我是天的子女。我知道了，我知道了，可否代林大姐、朱大姐求天道？感謝、感謝諸位。我不善言詞，但是心裡非常澎湃！

人心知苦苦如海　只因離家不知返
流浪生死覓原鄉　原來原鄉在你心
以為原鄉在人間　以為名利是我求
原來明心見你性　才知何物是真理
金錢用在能救急　真理重在能明心
看花是花處處佛　中責惠你我心授

不好意思，我不擅言詞，只能非常感謝大家啊！我先退！

【保安宮王大姐】

中華民國壹百壹拾壹年二月十日

保安宮王大姐曰：

大家好！大家好！非常歡迎再次來到此地。

保家衛國我責任　安定人心用智慧
宮中神佛排排坐　共心共力把道傳
同心同德腳步穩　攜手辦道最有力
手足情深如天堂　傳你天音慰你心
天上家園等你回　道心要明終能歸

我言至此，謝謝大家。希望今日結束後，好好休息。

【熾坪境劉大王廟】

中華民國壹百零九年七月二十七日

劉大王曰：

大家好啊！我也不知道是福氣嗎？今日佛光滿滿啊！誠惶誠恐啊！觀音佛母告訴我，我求三寶，可以讓我作更多事情，有更大的力量。我可以嗎？感謝感謝。不好意思，我只顧著求三寶，忘了跟大家打招呼，我是本殿劉大王，我不知道諸位的來歷，但我看到，我知道諸位是代上天來賜福的。我也要謝謝我們主委，年輕有為，年輕人要做這事不簡單，要扛這個責任必有原因。等一下，可不要走，要送你幾句話。我可否代堂上的神佛求三寶啊！感謝感謝。

猛然回頭百年身　澳裡乾坤誰明了
劉年流日幾時了　大佛心中苦等候
王道何時見天日　廟仙廟佛有福德
才能獲此大恩澤　護鄉佑民我根本

天事人事兩樣分　宮廟主委你責任
你作一分天助三　家事天事兩相全
才是下凡大心願　今日天團早安排
眾神眾佛齊歡喜　脫生了死人神共
莫要磋砣時日過　心領神會早明白
天人關係非一般　今日求得無上寶
天是我母我是兒　報答天恩如母恩
兄弟姐妹聚一堂　共聊天事我心歡

最後除了感謝大家，也要感謝主委，其實天團來此，是上天早安排，不是巧安排呀！不多言，我先退！

【熾坪境劉大王廟】

中華民國壹百壹拾壹年二月十日

劉大王曰：

大家好！大家好啊！歡迎！歡迎！歡迎！歡迎貴客臨門。不簡單，不簡單，只能說千里因緣一線牽。想當初在這兒大家一起結緣，回頭想想真是奇妙啊！

猛澳因緣真正好
劉氏子孫謝天憫
王族平民本一親
明心見性一瞬間
理天是我原故鄉
天心佛心是大願
天人共辦是神跡
心中我佛了願去

澳山澳海好風光
大膽心細腳步堅
廟中心佛人人醒
道心終顯我大悟
續命我責下凡塵
命運安排有今朝
應我心扉思量行

我言至此，非常感謝大家。（主委問：我們幫堂上眾神明金身已做好，這樣可以嗎？有沒有要改的？）太感謝了！

天上金衣人間現　有形外在引人心
無形心性悟人真　有形無形兩顧全
渡人要有智慧用　金光閃閃引人來
再來道理講人聽　若非天團有大道
大佛怎能引你進　說來說去唯心悟
了脫生死才是真

何謂生死？請解釋給大家聽聽。你們比我會說，非常感謝。再次感謝，期待再相會。

【梁將軍】

中華民國壹百零九年七月二十七日

梁將軍曰：

歡迎，歡迎，歡迎哪！感謝把我們天團帶來此地，我要共辦，我要共辦，我要救人心，讓人心明道理。我可否先求三寶啊！感謝，感謝！我要代堂上其他神佛求三寶，感恩，感恩。再來感謝主委，照顧大家，讓我堂上眾神佛有一個安身之地。

東方肚白現天光　莒光佛光盪我心
梁米餵我此人身　將來回天需靈糧
軍心人心皆佛心　共乘法船天堂路
辦何事情是第一　天命承接了你願
事事皆是上天排　你心有應謙卑行
人人皆是佛子心　先天責任兩肩扛
後天生活如你意

感恩天團來此，讓我有機會與大家結緣。台灣本就是寶島，今日我們台灣的朋友，愛死東莒了！說好美好美啊！剛才聽到有人說要問事情，可以問，但我怎麼答，怎麼解，要自己去思考喔！（林媽媽問：聽一位外地來的朋友說我們家的梁將軍今年國曆六月初一正式升官，我想再一次證實真的升官。）今日稍早天團在福德宮，福德正神說怎麼來著，我告訴福德正神我也要中獎呀！中什麼獎？先回答您的問題，我非常感謝！一切都是最好的安排，我是明理的人，我如果不懂道理，我只希望大家讓我展神蹟，多多供養，但我是明理之神啊！佛最希望作什麼？當然是護佑子民，是吧！保你健康保你順心，但還有一個很重要，你要健康，你不作我怎保？你要順心，你不作我怎幫？所以要你明道理，就是上天之真理。

真神真佛愛你如母親愛子女，希望你明道理，讓你有智慧作對事，這是真正的大獎！我知道我有心，我準備好了、而且主人家很明顯，要承接天命，子孫才會有這麼多的責任啊！當主委不簡單，但對你來說，只有作的主委你才順心，知道為什麼嗎？剛才有言，他心裡應該自己知道啊！

請問我有回答你的問題了嗎？好慈祥的母親是嗎？（我想問第二個問題）我恨不得讓你問下去難得有機會（林媽媽問：第二個兒子有沒有姻緣？）姻緣天註定哪？有緣無緣是天意，其實，我剛才講的已回答了。怎麼回答？你有心去作，你作一分我推你五分哪！（大兒子說：謝謝梁將軍）怎麼是你謝啊！我看哪，你們可能要請我們陳教授吃飯了，因為請他告訴你，我的五分力量佔四點九分啊！其實天團來此，他們都明白先天，也就是與天共辦，後天也就是明道理，自身開發自己的大力氣，這比求天求地還有用啊！知道嗎？人在做是啊！還有要問問題嗎？（大兒子說：像平常這樣拜有沒有失禮的地方？）一開始我就說了，感謝讓我有一個安身立命之地啊！我是懂道理的，我不是來享福的呀！不多言，先退了！

【梁將軍】

中華民國壹百壹拾壹年二月十日

梁將軍曰：

大家好，大家好！兩杯老酒下肚真是舒服啊！這篇訓文不好好聽，怎麼對得起老酒，心裡好歡喜，好歡喜！今日其他宮廟神佛講出了我的心聲，裡面有眾神佛的聖訓，我一聽到媽祖娘娘在羨慕我們，我真的笑翻天了。祂說的是事實，先在此除了感謝天團，也要感謝林家，沒有你們我如何知天命，求天道啊！這個福分很難說清楚。但是，就是萬分感謝！

東莒林家貴客臨　莒光福地好福氣
梁氏子孫同沾光　將軍行道功德立
軍紀無私大道行　與人為善是家風
林家有道代代興　家家佛燈處處點
子孫明白智慧顯　弟弟懂道要學習

妹妹弟弟才明心　共心共情好因緣
辦道不必用蠻力　天心應你佛子心
事事如意福慧至　有道有義人人聽
福氣與人我最行　氣天眾神達理天

我說完了，大家好像還聽不過癮啊！開玩笑一下。因為我的智慧不夠，我也要多學習。今天真的好高興，有什麼問題嗎？

（主人家問梁將軍曰：有沒有升官？）當然有啊！剛才聖訓有說了呀，氣天神達理天喔！

教授本是天上來　先天力大神蹟顯
上天給予大權力　可以說給眾人聽

所以每一尊神佛來問三才的問題，除了修行以外，問教授比我還準啊！加油，加油！其實方才的聖訓去細細思量，我已告知答案。有些事情不能說，不能說，但是沒有說不能用寫的啊！所以要仔細去思量。我不只升官，我還變聽明喔。

一介將軍武才生　如何能有此造詣

原來明心又見性　　智慧大開我才明

謝謝！謝謝！（林師兄說：其實有些都在聖訓裡，其他問題可以問教授。梁將軍說的很清楚：天上修行的事情可以問祂，其他的事就問教授了。）林師兄也是很有智慧的！天團跟久了，你的本性會顯，如今日聖訓非此篇喔！我一路都有跟著，聖訓有提，要棄秉性。你的本性越顯，智慧越高，人人皆如此喔。感謝再感謝！我先退。

【福正白馬尊王廟】

中華民國壹百零九年七月二十七日

白馬尊王曰：

大家好！我是福正本殿**白馬尊王**是也，非常感謝各位大駕光臨，我已求道，不過我要代我們堂上其他眾神佛求天道，感謝，感謝！各位很多是第一次來到東莒，好地方，好美景！東莒就像天堂，很美，很好！但知道的人不多。因為大家習慣燈紅酒綠，也不是不好，只是無法脫離生死。燈紅酒綠的快樂是短的，當你要去面對人世間的悲歡離合，與人、與物的、與時間的、與親人的、與朋友的，很苦啊！在天上沒有悲只有擔憂，擔憂佛子不知回，有離很少合，離是因為大家都來了。天上的合很少，人間的合有苦有樂，會有痛苦因為痛苦本不該你所有，但是你在人間一定會有，因為七情六慾，悲歡離合。

福地福德好福氣　**正**心正義正路行
白白清清是證實　**馬**行千里終回去

尊天尊地是根本　王道天道你本命
天堂人間如何看　團結共心一樣情
共聚一堂心歡喜　喜氣洋洋今日起

非常感謝大家，我會與眾神佛好好學習，大家一起共演這場白陽大戲啊！感謝，感謝！

【福正白馬尊王廟】

中華民國壹百壹拾壹年二月十日

白馬尊王曰：

大家好！新年好！感謝特地到此地贈送兩本，真是得來不易的聖訓，真的是太感恩啊！

福心福報是天意　**正**心正意才有道
境門大開迎貴客　**白衣大士**我隨行
馬蹄躂躂不停歇　**尊**先顧後傳天命
王者只有道在心　**明**心行道我最行
道路大開任你走　**理**由不用我早悟
祖脈傳燈我明白　**脈**絡可尋代代傳
傳道傳心才是真　**燈**光點亮你佛心
走到何處何處傳　**聖**心聖行跟隨你
賢人懂道走大路　**路**上走來心歡喜

我言到此，非常感謝大家。大家衣服要穿暖啊！期待再相會。

西莒

【威武陳元帥廟】

中華民國壹百零九年七月二十八日

陳元帥曰：

大家早安，歡迎來到西莒，我們已經接到旨令，眾神佛率領大家一同前來商討大事，我先求天道，感謝。我可以代堂上其他神佛求天道嗎？謝謝，謝謝。

西方神聖接天旨　莒光神佛來聽令
陳年往事憶當時　元神今日身何在
帥氣英姿是我身　會靈相映大好日

本心你性接天命
喜上眉梢今日起
你我本是一家人
希望佛子感心受
生老病死是日常
你用佛心看事喜

靈心大開覺悟時
人神共辦大道行
喜悅之心滿堂溢
煩惱頓轉先天樂
事事皆有兩方看
你用人心煩惱近

我說完了非常感謝大家，頓悟的感覺真好，西莒很美，有了今天更美麗，我不多言，感恩我先退。

【威武陳元帥廟】

中華民國壹百壹拾壹年二月十一日

陳元帥曰：

大家好呀！歡迎來到此地，這樣的盛事，真是前無古人，後無來者，上天要我們做的事，給的承諾，兌現了。

西方極樂何處去　莒光人人有佛心
青青草原無邊際　帆船引我見佛心
境土處處見天堂　威力之氣不平凡
武將文官有線牽　陳氏子弟福智顯
將才本我後天生　軍令如山我遵循
知道我乃佛子降　天庭本我原故鄉
命運安排巧機緣　有緣無緣握時機
道心人人本自有　心裡大佛堂中坐

我言至此，這位兄弟請起來。

既然有緣千里牽　賜他三寶隨他緣

佛心人心印你心　本靈自會引你進

我言到此，非常感謝大家！

【胡將軍廟】

中華民國壹百零九年七月二十八日

西莒胡將軍曰：

大家早安！我是本殿胡將軍是也。我已接到旨令，我要先領命啊！感謝，感謝！我可否代堂上其他神佛領天命，感謝，感謝！我知道大家時間很趕，我說幾句就好。

胡（糊）裡糊塗世間遊　將來要往何處去
軍心民心一條心　領導有方大道行
天恩浩蕩如何報　命裡乾坤終有排
心中細細來思量　歡歡喜喜天人辦
喜上心頭說人聽

我言到此，非常感謝，歡迎在西莒走一走啊！我先退！

#【胡將軍廟】

中華民國壹百壹拾壹年二月十一日

西莒胡將軍曰：

歡迎大家！歡迎大家！我是本殿胡將軍，知道你們今日行程滿滿，我們就少講幾句啊！是呀，隨緣啊！但是要握機緣。

西征東討憶當時　莒光隨緣落腳地
青山綠水好心情　帆船渡人心歡喜
胡家將軍順天命　將士用命智慧行
軍心明心一條心　接引佛子明心性
天上家園莫忘記　命運引你下大願
明心見性今日起　道心本是你自有
心中大愛化大力

我言至此，非常感謝大家呀！祝大家新年快樂，疫情快散啊！

【青帆村天后宮】

中華民國壹百零九年七月二十八日

天上聖母曰：

大家好！歡迎來到此地，我國語、閩南語都會說，但我們三才閩南語比較不會說，我說國語。我是本殿天上聖母，非常感謝，我今天歡喜迎接好多媽祖，好多好多！看得到的人，會看到金光滿滿喔！我要先求三寶，謝謝。我要代堂上其他神佛求三寶，感謝，感謝。

西水東流天安排　莒光媽祖順天命
天降大道吾有份　本是人人大責任
修行路上考驗多　明心見性不怕難
人多人少不重要　上下一心快步行
聖人治國聽天命　中命是我本命靈
感應老中是天性　聽你心裡吾音聲
讓你歡喜救佛音　讓你煩惱速速去

我說到這裡，再次感謝大家，我先退！

【青帆村天后宮】

中華民國壹百壹拾壹年二月十一日

天上聖母曰：

大家好，我是本殿媽祖，今天好熱鬧哇！感謝大家！

西方世界人人去　莒光有福信媽祖
天上聖母慈悲心　上天降道心歡喜
聖賢聖心是佛心　母親愛子是天性
接了三寶明道理　天上母親我報答
命運我來走出去　傳乎你聽乎你明
道理若知智慧開　喜上心頭樂開懷

再次感謝大家，再次謝謝大家！我先退。

【趙大王廟】

中華民國壹百零九年七月二十八日

趙大王曰：

大家好！非常歡迎蒞臨西莒本殿，我們已經接到玉旨啦！玉皇天尊問我是否要共辦天事，我心想有誰不願意呀！看到這麼多的神佛，酌實會心慌慌啊！共辦要先求天道，才能接天命，我先求天道啊！感謝感謝。可否代堂上其他神佛求天道，感恩感恩。

趙氏一門忠義行　大道本我北極星
王公本我佛子心　順天應命責任扛
天道我接與眾行　引心與天真歡喜
命裡乾坤誰能敵　引你光明有大力
道心本是你本靈　行雲流水救自性

我不多言，感謝感謝，我先退！

【趙大王廟】

中華民國壹百壹拾壹年二月十一日

趙大王曰：

您好！大家好，大家好辛苦了！本島本日最後一場是吧！辛苦，辛苦。我是趙大王，非常感謝，把這麼神聖的一本書遠道送來此地，真的沒有想到。能夠知道這個天人之間的關係，還能夠行功立德，還能夠名流青冊，是何等的福氣啊！

西岸東岸南北行　莒光迎你傳福音
坤道乾道皆佛道　坵境人人佛子心
趙錢孫李皆兄弟　大大小小團結心
王者能者有天道　明白道理傳出去
心中有愛說人聽　見了老申才放心
性中有佛蓮花開　我本佛心如觀音
心性一氣乾坤轉　喜上加喜先天願

我言至此，非常感謝大家，大家辛苦了！把我們莒光的好山好水也傳出去啊！謝謝我先退。

【東靈府蕭隍爺廟】

中華民國壹百零九年七月二十八日

蕭隍爺曰：

大家好！我是本殿蕭隍爺，大家辛苦了，我不打擾大家太久，我可否先求天道，感謝感謝。我可否代堂上神佛求天道，感恩感恩。

田中十字一點明　沃裡東西皆我民
蕭蕭風聲蕩我心　隍（皇）天后土我原鄉
爺娘是我後天恩　中恩難報心裡愧
恩情比天更要高　難在不明真道理
報答天恩我一定　我今下願大道行
續前引後傳天命　命中有數我心明

我言至此，非常感謝大家，辛苦了！

【東靈府蕭隍爺廟】

中華民國壹百壹拾壹年二月十一日

蕭隍爺曰：

大家好！我是本殿蕭煌爺，感謝大家，讓我們有這個機會呀！

西莒今日好福氣　莒光處處有佛心
東方聖人傳天道　靈山靈水有道心
府上貴客齊相迎　蕭家有禮真歡喜
煌爺明心又見性　爺爺奶奶共享德
知心明性天團子　天上責任下凡渡
命裡桃花非你路　快快樂樂說道理
快樂分享好兄弟　行走大道真歡喜

我言至此，再次感謝大家！再次感謝大家！

【周大王廟】

中華民國壹百零九年七月二十八日

周大王曰：

大家好，我是本殿周大王，感謝來到本殿，讓我及堂上其他神佛有機會，我可否先求天道，感謝感謝。我可以代堂上其他神佛求天道嗎？感謝感謝啊！

周全先天後天顧　大功大德我今得
王道本在我心中　續命今日我有責
天恩我定用心報　命中注定時候到
鳥鳴聲聲催我心　趕緊說給佛子聽
天音慰我遊子心　與中接線明天意
遊子流浪各東西　機緣接命我福氣

我不多言，感謝感謝！

【周大王廟】

中華民國壹百壹拾壹年二月十一日

周大王曰：

大家好大家好，我是本殿周大王。

西邊彩霞現祥瑞　莒光天上彩雲現
周氏族人接天命　大大小小皆我渡
王心明心皆明性　明白今日何因緣
天上我曾下願來　意義非凡天事辦
我心我身老中賜　傳天旨令我做起
承先啟後聖賢心　責任代代傳下去
任務完成稟老中　扛起大任了大願

我言至此，非常感謝大家！瞭解何謂天命，這一生就不枉費了。

【田沃境五靈公廟】

中華民國壹百零九年七月二十八日

靈官大帝曰：

大家好，我謹代表五靈公眾神佛感謝大家，我是五靈公靈官大帝，大家辛苦了，我先求三寶好嗎？一次就好，我代眾五靈公神佛一起求三寶，感謝感謝！

田沃五靈宮真樂　沃境處處似原鄉
五位靈公本一心　靈山塔下真性情
宮中自有自性佛　感動天地就今朝
謝天謝地行第一　天恩似海救我心
恩情難報我立願　上天下海我共行
下次龍華會有我　一心一意把道辦
心中大佛樂無比

感謝大家，功德圓滿，我先退。

【田沃境五靈公廟】

中華民國壹百壹拾壹年二月十一日

靈官大帝曰：

大家好，大家好！非常歡迎大家，也感謝大家，今日這裡看似還不錯啦！也感恩我們前村長這麼的有誠心。

西走東行不停歇　莒光今日有大事
靈官大帝大門迎　官位再高有道興
大山要有大道心　帝心才能脫生死
知道懂道我學習　天上人間把道行
命中有數我誠心　謝天謝地謝天團
天恩我報不停講　恩報功德是中情

我言到此，感謝大家！感謝大家！

【田沃境天后宮】

中華民國壹百零九年七月二十八日

天上聖母曰：

大家好！我是本殿天上聖母，我從日本來台灣多年，我很愛台灣，後來在西莒這裡落腳。感謝上天讓我一個外國人士可以在此安身立命，我要作更大的事情，可以求三寶嗎？謝謝。可以代其他神佛求三寶嗎？感謝感謝。我的國語比較不好，剛才一直說天蓬元帥，我請他和大家結緣好嗎？謝謝大家。

天蓬元帥曰：

大家好，我是本殿天蓬元帥，大家認識我嗎？我不是你們西遊記裡面想的那樣子，我端端正正，看那個相也知道，不輸關爺喔！我要說正事，感謝天團來此，給我們這個機會啊！

天上人間本一家　后天后地皆天堂

宮裡王道今普傳　天恩牢記趕緊行
蓬萊仙島處處有　元神自在眼前現
帥性帥情還你真　共同一齊負天命
同心協力齊斷金　辦事有力報中恩

我言至此，感謝各位，期待再相會！

【田沃境天后宮】

中華民國壹百壹拾壹年二月十一日

天上聖母曰：

大家好！我是本殿天上聖母，非常歡迎今天來到此地啊！

西土東土皆我境　莒光今日有佳賓
天有安排我接命　后座責任我扛起
宮中神佛共努力　知書達理我學習
天命我懂真福氣　命運安排我至此
有道有力渡人心　道心堅定我心願
心中歡喜共同行

不好意思，我的國語不是很好，但我進步很多啊！我言到此，感謝大家，希望能有機會再見面。

【西路境彡大王廟】

中華民國壹百零九年七月二十八日

彡大王曰：

大家好！我是本殿彡大王，非常感謝蒞臨西莒，這裡風景很美吧！風景美，恭候諸位，我要求天道啊！感恩感恩。可否代堂上其他神佛求天道，感謝感謝。

西方天音傳我心　路上行人紛紛議
境（淨）土本是你我鄉　彡心彡淨思鄉情
大道在前眼不見　王道在心等點明
接續天命我有責　天時地利好光景
命裡安排誰知曉　我心明白不需擾
且走且看心裡明　上天扶你大道行
何福是你大福氣　先天後天安你心

我言到此。（問大王封號之來歷）

說來有口真難言　人人以為我大王
大佛眼前不明理　尊稱大王是敬你，
子民庇佑我肩挑　大王封號指名立
還有問題嗎？沒有，我先退！

【西路境𨑨大王廟】

中華民國壹百壹拾壹年二月十一日

𨑨大王曰：

大家好，辛苦了！辦完這場去吃飯，補充一下體力啊！我是𨑨大王。

西天家鄉待我歸　路上天團講我聽
境土在身有佛坐　𨑨王責任渡人心
大小佛尊共接命　王心娘心渡人勤
迎接眾神我心喜　眾人商議如何渡
神仙果位才有力　佛心明白才真道
共辦大事和氣行　同心努力如原鄉
努力用心智慧開　力量夠大才明心

我言至此，再次感謝，期待再相會啊！

【井邊將軍府】

中華民國壹百零九年七月二十八日

關聖帝君曰：

我是將軍府裡的關聖帝君，眾將軍恭候多時，待領天命，時刻不歇，可否先求三寶，感謝，感謝！其他眾將軍也讓我代領天命，感謝，感謝！

井水上呵護子民　邊長莫及思鄉情
將軍使命佑鄉民　軍情民心念母親
府前府後論紛紛　共心共力謙卑行
辦了大事功德立　天命誰接看機運
事有先後心感應　趕緊接命救人心
上天慈悲不苛求　自己分寸在心裡

感恩，我不多言啊！

【井邊將軍府】

中華民國壹百壹拾壹年二月十一日

關聖帝君曰：

大家好啊！我僅代表眾將軍，歡迎大家，祝大家新年好，平平安安，健健康康！

西莒東莒眾神聚　**莒**光福氣人人享
井邊將軍有佛心　**邊**邊角角修圓去
將軍也曾是人心　**軍**紀法令我遵循
人心不見佛中坐　**心**裡苦悶只外求
變化萬千是時運　**佛**心用來才有力
心苦不在跟隨你　**真**心誠意佑鄉民
鄉親父老皆誠心　**民**心人人皆道心

我言至此，再次感謝大家，大家辛苦了！

國家圖書館出版品預行編目資料

馬祖列島宮廟神明啟示錄／陳澤眞著. --初版.--
臺中市：白象文化事業有限公司，2022.10
面； 公分
ISBN 978-626-7151-04-4（平裝）
1.CST: 寺廟 2.CST: 民間信仰 3.CST: 福建省連江縣
272.097 111006107

馬祖列島宮廟神明啟示錄

作　　者　陳澤眞
校　　對　陳澤眞
發 行 人　張輝潭
出版發行　白象文化事業有限公司
412台中市大里區科技路1號8樓之2（台中軟體園區）
出版專線：（04）2496-5995　傳眞：（04）2496-9901
401台中市東區和平街228巷44號（經銷部）
購書專線：（04）2220-8589　傳眞：（04）2220-8505
專案主編　林榮威
出版編印　林榮威、陳逸儒、黃麗穎、水邊、陳媁婷、李婕
設計創意　張禮南、何佳諠
經紀企劃　張輝潭、徐錦淳、廖書湘
經銷推廣　李莉吟、莊博亞、劉育姍、林政泓
行銷宣傳　黃姿虹、沈若瑜
營運管理　林金郎、曾千熏
印　　刷　基盛印刷工場
初版一刷　2022年10月
定　　價　250元